햇살 가득 품고 온 미소

창조문예
산문선
007

햇살 가득
품고 온 미소

창조문인협회

창조문예사

| 머리말 |

마음에서 피어난 꽃처럼

김순규
(창조문인협회 회장)

우리 창조문인협회 회원 여러분의 소중한 글을 모아『햇살 가득 품고 온 미소』라는 제목으로 단행본을 묶게 되었습니다. 회원 한 분 한 분의 심상에 피어난 보석 같은 글을 엮어 세상에 내보내게 되어 매우 자랑스럽게 여깁니다. 읽는 독자들에게도 감동을 줄 것입니다.

이번 수필집은 1부 추억을 주제로 16편의 글을 모아 〈아름다운 기억〉의 소제목으로 편집하였고, 2부는 일상생활의 여러 가지 주제의 글을 모아 〈마음밭에 영그는 보석〉으로 18편 작품을, 3부는 가족과의 사랑을 주제로 한 17편의 작품을 〈끝없는 사랑〉의 소제목으로 편집하였습니다.

시만 쓰다가 수필을 쓰려니 막상 어려운 생각이 들었습니다. 이참에 수필이 무엇인지 확실히 아는 것도 좋겠다 싶어 알아보았습니다. 먼저 한자의 뜻을 보니 '따를 수隨'에 '붓 필筆'로, 붓 가는 대로 쓰는 글이라는 것입니다. 국어사전을 들춰보니 '일정한 형식 없이 체험이나 감상 · 의견 따위를 생각나는 대로 자유롭게 적은 글'이라 되어있습니다. 내친김에 문학개론적으로 접근해 봤습니다. 좀 더 구체적입니다. 수필은 '개성의 문학', '산문의 문학', '무형식의 문학', '유머 · 위트 · 비평 정신의 문학', '제재가 다양한 문학'이며, '심미적 · 철학적 가치의 문학'으로 설명하고 있습니다.

본 수필집은 수필가를 비롯해, 시인과 소설가가 참여하고 있습니다. 장르별로 분야마다 두각을 나타내고 있는 분들입니다. 일상생활의 소소한 행복을 엿볼 수 있는 기회입니다. 감동과 기쁨과 슬픔과 웃음도 주는 소중한 글의 씨앗이 독자의 마음에서 꽃으로 피어났으면 좋겠습니다. 《창조문예》 창립 29주년을 맞아 또 한 권의 단행본을 상재하게 되어 기쁩니다.

창밖의 개울가에는 여뀌의 분홍빛 꽃이 한창입니다. 고마리도 함께 꽃을 활짝 피우고 있습니다. 물은 더욱 맑아 청아한 소리를 내며 가을의 하늘을 담아내고 있습니다. 이 글을 읽는 분들께서 행복하고 꽃처럼 고고하시기를 소망하면서 참여해 주신 회원 여러분께 다시 한번 감사의 인사를 드립니다.

| 발간사 |

풍성한 열매 가득한 이 가을

정이녹
(창조문인협회 부회장)

우리 창조문인협회는 월간지 《창조문예》지와 그 맥을 같이합니다. 《창조문예》지가 발행된 지 내년이면 30년입니다. 한 번도 결호 없이 지금까지 매월 문예지를 발행하고 있으니 불가사의 기적입니다. 온 우주를 창조하신 하나님의 은혜이고, 《창조문예》를 창간한 임만호 발행인과 편집위원들의 노고와 그리고, 《창조문예》를 사랑하는 우리 모든 회원의 감사입니다.

《창조문예》지를 통하여 등단한 330여 명의 회원들은 왕성하게 활동을 하고 있으며 본지에서는 시와 수필을 번갈아 해마다 단행본으로 발간하고 있습니다.

우리나라는 봄, 여름, 가을, 겨울 사계절이 제철 따라 확연하여 봄은 아스라한 아지랑이 속에 연둣빛 새싹들을 돋아 올리며 흙냄새,

풀 냄새, 꽃 냄새 가득하고, 여름이면 가만히 앉아 있어도 이마에 땀방울이 송골송골 맺힙니다. 가을이면 산마다 골마다 찬란한 단풍잎들을 펼쳐 올릴 때면 들판에는 누런 벼들이 고개 숙이고 황금 물결을 이룹니다. 겨울이면 코끝이 쨍하도록 시려도 흰 눈꽃 송이들이 함박꽃처럼 펑펑 내리는 날 입 벌리고 받아먹겠다고 종종종 뛰어다니던 어린 날도 있었습니다. 봄에는 진달래, 여름은 여름답고 가을은 가을답고, 겨울은 맑고 깨끗하니 금수강산입니다.

어느 해였을까–.

오늘처럼 하늘과 산과 들과 우리 집 성북동 안마당까지 온통 가을이 한창이었을 때 살랑이는 단풍잎을 바라보며 손자에게 말했습니다.

"우리나라 가을은 이 세상에서 제일 좋은 것 같다, 그치?"

"맞아요…, 그런데 할머니, 가을이 나쁜 것도 있어요."

놀라서 쳐다보는 나에게 "좋은 건 맞는데… 너무, …짧–아–요~~!!!"

내 기억으로 다섯 살 정도였으니 손자는 몇 번의 가을을 만났을까?

아름다워서 짧게 느껴지는 건지 짧아서 더욱 아름다운 건지…….

그 손자가 자라서 지난주 논산훈련소에 입대하여 나라를 지키는 군인 아저씨가 되었습니다.

이 멋진 가을에 창조문인협회에서 아름다운 마음들을 모아 한 권의 수필집으로 엮었습니다.

옥고를 보내주신 창조문인협회 회원 여러분과 이 글을 읽으시는 모든 분에게,

하나님께서 창조하신 풍성한 열매를 가득히 누리시는 이 가을 되시기를 기원합니다.

| 차례 |

1부 / 아름다운 기억

2부 / 마음밭에 영그는 보석

3부 / 끝없는 사랑

1부

아름다운 기억

흐르는 물처럼

문성모

인생은 흐르는 물과 닮아있다는 생각이 든다. 물은 늘 높은 곳에서 낮은 곳으로 흘러간다. 그 흐름 속에서 물은 나에게 삶의 겸손을 일러주고 신앙의 자세를 가다듬게 한다. 우리 영혼은 '저 높은 곳을 향하여' 날마다 나아가야 하지만, 육신의 생각은 '저 낮은 곳을 향하여' 날마다 내려갈 때 비로소 생명력을 얻는 것이 아닐까. 낮은 곳을 지향하는 물은 생수가 된다. 목마른 이의 갈증을 해소해주고, 생명들이 뛰노는 터전이 되며, 때로는 세상을 맑히는 정화수가 되기도 한다. 그런 물을 보며 바울은 자신을 비추어 살면서, "나는 날마다 죽노라"라는 고백을 하지 않았을까.

하지만 흐름을 멈추는 순간, 물은 생명력을 잃는다. 정지된 채 고여 있는 물은 썩고, 그 썩은 악취는 주변을 병들게 한다. 삶도 그렇지 않을까. 멈춰 선 마음은 굳어지고, 굳어진 마음은 갈등을 낳는다. 흘러야 한다는 것을 알면서도, 우리는 종종 익숙함이라는 이름의 정체 속에서 머물고 싶어 한다. 흐르지 못한 채 살아가는 날들이 얼마나 많았던가.

가끔은 물이 거꾸로 올라가려는 듯한 욕망도 보인다. 해일처럼, 쓰나미처럼, 모든 것을 휩쓸고 지나가는 욕심……. 높아지려는 마음이 공동체를 흔들고, 사람 사이를 멀어지게 만든다. 그러나 물의 솟구침은 그야말로 순간의 영화에 불과하다. 올라간 물은 그 올라감을 주체하지 못해 이내 물보라를 내며 침몰하고 만다. 그리고 주변의 모든 것을 파괴해 버린다. 인간의 삶에도 분수를 지키지 못한 교만과 허영의 해일에 휩싸여 자신과 주변을 불행하게 만드는 경우가 있지 않은가. 인정받고 싶고, 앞서고 싶고, 더 많은 것을 갖고 싶었던 순간들……. 그 욕망을 잠재우고 오늘도 흐르는 물처럼 내려감의 행복 속에서 사는 것이 신앙생활이리라!

물은 바위나 고목 같은 장애물을 만날 때 싸우지 않고 피해 가는 지혜가 있다. 웅덩이를 만나면 조금 쉬었다 가는 여유를 누리기도 하고, 험한 계곡에서는 오히려 노래를 부르며 난관을 뚫고 목적지인 바다로 향하는 용기를 발휘한다.

물은 한없이 흘러 내려가 바다를 이룬다. 그 넓고 깊고 심오한 바닷물이 되기까지, 물은 기꺼이 가장 낮은 곳에 닿기를 멈추지 않는다. 겸손을 지향하며 낮은 곳으로 향하는 사람은 그 과정에서 손해를 보는 듯해도, 결국은 바다처럼 넓고 깊은 축복을 얻게 되는 것 아닐까. 아직 흐르지 못한 개울물은 소리가 요란하고 겉모습은 현란할지 모르나, 결코 바다가 될 수는 없다. 바다는 말이 없어도 중후하고, 고요함 속에 위엄이 있다. 그런 바다가 되기 위해서는, 한없이 낮아져야 한다는 것을 이제야 조금 알 것 같다.

나는 얼마나 흘러왔을까. 바다처럼 넓고 깊은 사람이 되기 위해, 얼마나 낮은 곳을 향해 나아갔을까. 아직도 개울물처럼 요란한 소리만 내고 있는 건 아닐까. 겉모습은 현란하지만, 속은 점차 경직되어 흐르지 못하고 있는 건 아닐까. 멈추지 말고 더 흐르고 끝까지 흘러야 한다. 세상적인 욕심도, 높아지려는 허영도 내려놓고 그저 흐르는 물처럼 살아간다면, 그 흐름 속에서 삶은 더 고요하고, 더 깊어지지 않을까. 흐름을 멈추지 않는다는 것, 그것이 어쩌면 인생을 아름답게 만드는 가장 단순한 지혜일지도 모른다.

문성모 msm07mjf@gmail.com
대전신학대, 서울장신대 총장. 강남제일교회 목사 역임. 현재 한국찬송가개발원 원장.

햇살 가득 품고 온 미소

– 피에르 샤플레(Pierre Chaplet) 이야기

정이녹

그는 온화했다. 큰 키에 약간 굽은 어깨로 팔이 길어 두 팔로 걸어 다니는 듯했다. 언제나 수줍은 미소를 머금고 반짝이는 눈빛이 그윽했다.

말을 시작할 땐 먼저 손바닥으로 입가를 씻어 내듯 쓰윽 닦아 내곤 했는데 어린아이의 짓궂은 행동 같았다.

1980년 파리에 가서 에펠탑이 보이는 15구 캉브론(Cambronne)의 3층 작은 아파트에서 살았다. 불어도 배우고 미술관도 탐방하고 여러 전시장도 돌아보며 3년쯤 살다 보니 화가인 남편이 제안을 했다. 이젠 작업을 좀 할 수 있을 것 같으니 작업실을 알아보기로 했다. 우리는 작가협회에 등록하고 프랑스 정부에서 제공해 주는 작업실(Yveline 지역 Trappes)에서 새로운 작업을 시작했다.

1986년 바로 옆 동네인 엘랑쿠르(Élancourt) 구청 갤러리에서 초대

전시회를 하게 되었고, 전시를 하는 동안 그 지역 작가들을 만나게 되었는데, 그룹의 대표가 피에르 샤플레(Pierre Chaplet)였다.

우리가 먼 동쪽 끝 나라에서 오직 그림을 그리기 위해 이곳에 왔다는 것만으로 그들은 기뻐하며 우리와 함께 작업하기를 원했다. 그는 우리 아버지와 나이가 같았다.

"우리 아버지와 동갑이시니 꼭 우리 아버지를 뵙는 것 같아요."

그는 예의 그 수줍음 가득한 미소를 지으며 어깨를 한번 으쓱 추스르고, 우리는 오랜 친구처럼 한 가족이 되었다.

어느 해, 파리 보드앙 르봉 화랑에서 전시를 하고 오픈에 피에르가 왔는데

"마침 오늘이 내 생일인데 막내아들 제롬 내외가 이 근처에 살고 있어서 생일 초대를 한다니 우리 같이 가요"라고 했다.

우리는 신이 나서 포도주 가게에 가서 지난번 우리 집에 왔을 때 특별히 좋아했던 부르고뉴 포도주도 사고 과일도 사고 케이크도 샀다.

그가 일러 준 주소대로 찾아가고 있는데 저만큼 앞에서 전봇대만큼 키가 큰 제롬이 겅중겅중 계단을 뛰면서 내려온다.

"제롬, 어디 가?"

"감자 사러, 슈퍼에."

아버지 생신에 친구들을 초대하고는 아들은 감자를 사러 슈퍼에 간다.

우리는 친구를 초대하면 하루 전에 시장을 보고, 불고기를 재어 놓고, 전 부치고, 잡채 만들고, 하루 종일 준비한다.

한국은 음식 위주로 친구들을 초대하고, 프랑스는 정담을 나누기 위해 친구들을 초대한다.

"아, 맛있고 배부르다"라고 하면 우리는 손님 초대를 잘 한 것이고, "아, 실컷 이야기하고 나니 마음이 흐뭇하다"라고 하면 프랑스에서는 손님 초대를 잘 한 것이다.

아마도 프랑스 식탁에서 대화의 금기는 '신앙'인 것 같다. 프랑스에는 가톨릭과 개신교가 목숨 걸고 싸운 역사가 있다. 누가 먼저 이야기를 시작했는지 내가 부엌에서 제롬이 사 온 감자를 삶고 있는데 식탁에서 언성들이 높아졌다.

신 화백이 열심히 전도를 한다.

피에르는 몸으로 제2차 대전을 겪으며 무신론자가 되었다고 한다. 서로 주장을 굽히지 않아 분위기가 상당히 어수선해지고 격한 이야기들이 오가는데, 갑자기 신 화백이 낮고 침착한 목소리로 선언하듯 "우린 집으로 가겠소"라고 말했다.

한순간 모두 조용해지고 우리는 아들딸을 앞세우고 무거운 마음으로 집으로 돌아왔다.

그날 이후 우리는 신앙에 대해서 더 이상 말하지 않았지만 나는 마음이 아팠다. 당시 다섯 분을 위하여 중보기도를 드리고 있었는데 한 분이 더 늘었다. 그렇게 많은 시간이 흘러갔고 우리는 여전히 자주 만나 서로를 존경하며 즐거운 시간을 가졌다.

다음 해(2010년), 파리의 하늘이 아직도 회색빛 가득한 초봄일 때, 가평에 있는 '생명의 빛' 예배당 설계를 위해 서울을 다녀가는 아들을 따라 파리로 갔다.

"피에르가 많이 아프시대요. 그런데 아무도 만나지 않겠다고 하셔서 저희도 아직 못 가 뵀어요."

클레르(며느리)가 그동안의 이야기를 들려주었다. 나는 마음속으로 피에르는 나를 만나고 싶어 할 거라는 생각을 하며 전화를 했다. 마침 제롬이 전화를 받았다. "아버지가 뵙고 싶어 하니 빨리 오셔요."

우리는 피에르에게 달려갔다. 아파서 많이 야위었으니 놀라지 말라고 케르스티(부인)가 미리 이야기해 주었지만 2층 방으로 올라가는데 가슴이 콩콩거리며 발이 떨렸다.

우리는 서로 마주 보며 아무 말도 하지 않았다.

앙상한 가슴이 움직였다. 일어나고 싶어 하는 것 같아 등 뒤로 손을 넣어 일으켜 주었는데 몸이 새털같이 가벼웠다. 그는 하늘을 쳐다보고 여전히 수줍어하는 미소로 빙긋 웃으며 다시 누웠다. 움푹 패인 볼에 볼 인사를 하자 눈에서 눈물 한 방울이 주르륵 흘러내렸다.

"하나님! 피에르예요. 전쟁의 상처 때문에 한때 하나님을 원망하기도 했지만 이제 하늘에서 곧 우리 신 화백을 만나 서로 손을 잡고 기뻐하겠지요."

이틀 후 서울로 돌아왔는데, 바로 그다음 날 오후에 주무시듯 하늘나라로 가셨다.

정이녹 inockjeang@gmail.com

2014년 《창조문예》 수필로 등단. 저서 『마음을 들고 서서』, 『그림으로 남은 파리의 추억』, 『부활의 회화』, 『바람 분다, 돛 달아라』, 『하늘과 땅 사이, 사랑의 언약』. 창조문예문예상 수상. 한국기독교문인협회 수필분과위원장, 창조문인협회 부회장.

가을이라 더 그립습니다

박종휘

불볕더위에 지쳐 난리 치던 게 엊그젠데 제법 선선한 바람이 조석으로 불어오고, 푸르던 나뭇잎에 가을이 물들기 시작했다. 강태공의 빈 낚시에 어김없이 세월이 낚인 것이다. 아버지 기일이 얼마 남지 않았다는 동생의 전화가 왔다. 아버지 기일 2주 후엔 어머니 기일이다. 잊기야 했을까마는 동생의 연락은 두 분을 반추하게 하는 실마리가 되었다.

어린 시절 내 머릿속엔 늘 어머니는 고생만 하는 불쌍한 사람, 아버지는 한량처럼 놀기만 하는 나쁜 사람으로 각인되어 있었다. 술이라도 한잔하고 들어와 어머니와 옥신각신할 때는 더더욱 그랬다. 그런데 아버지의 갑작스러운 부음을 전해 들은 어머니의 첫마디는 아버지 불쌍해서 어떡하냐는 울부짖음이었고 그 절규는 현충원에 안장될 때도 마찬가지였다. 여러 심정을 엿볼 수 있는 말이지만 그중 하나로 세상 사람들이 아버지를 너무 일방적으로 매도했다는 뜻도 들어있을 듯싶다. 당장 자식들부터 그러지 않았던가!

추운 겨울이면 아버지는 항상 어머니보다 먼저 일어나 가마솥에 물을 데워 놓았고 아궁이에 불을 때 주면서 어머니 잔심부름을 했다. 두 분이 싸울라치면 자식들은 한통속이 되어 아버지를 미워했는데 다음 날은 신기하게도 여느 때보다 더 오순도순 아침밥을 짓곤 했었다. 아버지가 술을 좋아한 건 사실이지만 고집 센 어머니의 잔소리 때문에 싸움이 벌어질 때가 많았던 것 같다. 스쳐 가는 어머니의 말은 어디에 내놔도 손색이 없을 만큼 재치 있고 순박하고 사실적이었으며 간혹 작가라 불리는 딸한테 도용당할 때도 있었다. 그 사례를 다 소개할 수는 없지만 한 가지 예로 아버지에 관한 표현이 있다.

"얼굴도 안 보고 시집왔는데 너무 아까워 장롱에 감춰놓고 혼자만 보고 싶더라니께."

어머니의 어록 중 대표되는 말이다. 얼마나 좋았으면 그런 생각이 들었을까 싶다.

아버지 추도예배 때면 어머니는 "하나님 아버지, 오늘도 온 가족이 모이게 해주셔서 감사합니다" 하는 기도로 시작해 어느 틈에 아버지에게 쓰는 편지로 바뀌곤 했다.

"○○ 아부지, 잘 있는감유? 엊그제 간 책골 강 권사는 만나 보셨지라? 뭔 일로 그렇게 갑자기 갔는지 몰러유. 나도 이젠 얼마 안 남은 거 같어유. 여기저기 안 아픈 데가 없고만유. 아무튼지 간에

술 쪼금만 먹고 바람 따라 너무 멀리 날아다니지 말고 내 갈 때까지 잘 계슈. ……아멘."

어머니의 다정다감한 기도가 끝나면 큰언니는 심통 섞어 기어이 한마디 했다.

"아버지랑 그렇게 싸웠으면서 아직 정이 남았어? 아예 연애편지를 쓰고 계시네."

자식들은 한바탕 웃어댔지만, 어머니의 웃음 속에는 진지함과 그리움이 가득했다.

예전엔 미처 깨닫지 못했던 추억도 새록새록 떠오른다. 살림이 쪼들려 끼니를 거르는 때도 아버지는 우리 집을 찾아오는 거지를 단 한 번도 외면하지 않았다. 찬장엔 거지가 먹는 밥그릇과 숟가락, 젓가락이 따로 있을 정도였다. 그런가 하면 군대에서 배운 이발 기술로 동네 어른들의 이발을 무료로 해주었다. 언제든 찾아오시는 어른들을 마당 의자에 앉혀 하얀 가운을 두르고 이발을 해주던 모습이 생생하다. 또한, 아랫마을에 언어장애가 있는 아저씨가 계셨는데 '벙어리'라고 마을 사람들이 다 무시해도 아버지는 그를 친구로서 존중했다. 우리 집에 자주 오도록 해 아무도 알아듣지 못하는 말에 큰 소리로 응수하며 재미있게 대화하곤 했었다.

아버지의 이런 행동은 남의 칭찬에 반사적으로 심사가 뒤틀리는 할 일 없는 사람들로부터 자기 분수를 모르는 오지랖이라고 빈축을 샀을 법도 하다. 돌이켜 생각해 보니 인정 담긴 마음 씀씀이는 자식들에게도 예외가 아니었다. 비가 오는 날이면 아이들 책가방을 비닐로 꽁꽁 싸매 주었고 수학여행을 신청하지 않은 걸 알고는 학교로 찾아와 직접 내고 가기도 했다.

그런데 나는 왜 아버지를 나쁜 사람이라고만 생각했을까? 엄하고 불편한 아버지라 생각하고 따뜻한 말을 한 번도 해드린 적이 없어 참으로 후회스럽다. 아버지가 세상 떠나신 지 20년이 되었다. 혼자된 어머니는 3개월이 넘도록 잠 한숨 편히 못 자고 넋 없이 하늘을 바라보곤 했다. 저러다 아버지 따라가시는 건 아닌가 걱정했었는데 18년을 더 굳건히 살다가 2년 전에 돌아가셨다. 훌쩍 높아진 가을 하늘을 우러르며 생각해 본다.

그래, 어머니 못지않게 아버지도 참 좋은 사람이었어.

이번 기일에는 못다 한 말을 전하며 성심을 다해 추모하리라.

박종휘 hwiparam12@hanmail.net
충남 공주 출생. 2020년 《창조문예》 소설로 등단. 장편소설 『태양의 그늘』, 연작소설 『주먹 망원경』, 소설집 『괜찮아, 수고했어』 등 출간. 2023년 황순원문학상, 2025년 이병주국제문학상 대상 수상.
현재 한국문인협회, 한국기독교문인협회, 한국소설가협회에서 활동.

부르심과 큰아들 결혼식

서희준

이야기는 40년 전으로 거슬러 간다.

한 여자는 한 남자와 결혼을 했다. 결혼 2년 차 꿈결 같은 시간에 교회 부흥회가 있어서 참석했다. 그때 남편은 출장을 갔다. 부흥회 날 기도 시간에 그녀는 천국(입신)에 들어갔다. 예수님의 피 묻은 상반신이 환상으로 화면에 보였고 오른손 하나가 크게 클로즈업되더니 천으로 된 면류관(세마포였음)이 그녀의 머리에 씌었다. 그리고 그녀는 교회 천장에서 그녀가 기도하는 모습을 보았다.

그녀는 긴 강을 걸었는데 강 옆으로는 나무들이 즐비했다. 그리고 수정 같은 유리성으로 들어갔다. 그녀는 그곳에서 하얀 드레스를 입고 있었고 그녀가 잘 아는 또 두 사람의 성도님들이 보였다.

그녀는 사랑하는 남편을 찾았으나 남편은 거기 없었다. 믿음이 엄청 좋다고 해서 결혼했는데…….

그녀는 그때부터 남편을 위해 기도했다. 천국 갔다 온 얘기는 함구했다. 누군가가 그런 얘기는 함부로 하면 안 된다고 했다. 그녀의 말을 믿지도 않을 것이기 때문이었다.

남편을 위해 기도한 지 5년째 되던 해 그녀는 처음으로 하나님의 음성을 들었다.

"너의 남편은 여자 문제로 구원을 얻을 것이다"라고…….

그녀는 '내가 왜 이런 생각을 하지' 하고 방정맞은 생각으로 떨쳐버렸다.

주의 음성을 그녀의 생각으로 안 것이었다. 그리고 얼마 후 남편은 바람을 피우기 시작했다. 그녀가 눈치채고 돌이키라고 종용했으나, 죄는 늪과 같아서 나중에는 죄의 늪에 빠진 남편이 결국 이혼 도장을 찍고 집을 나갔다.

집을 나간 후 1년 된 후에 주의 성령께서 그녀에게 일주일의 금식을 시켰다. 그녀가 금식을 안 했으면 그 남편은 죽음을 면치 못했고 두 아들에게도 큰 상처와 미움의 대상이 되는 시간이 있었다. 그녀는 참 하나님께 잠시 원망한 적도 있었다. 왜 하필이면 나에게 이런 일이 있느냐고…….

어떤 사모님을 통해 21일 기도로 집에서 제단을 쌓았던 날, 그분께서 '네가 그런 그릇이 되기 때문'이라고 하셨다. 너는 멋진 여자라고……. 그리고 그녀가 그 고통이 너무 힘들어서, 그녀의 집 4층에서 뛰어내리려 했을 때 주님께서 세 번이나 붙잡으셨다. 남편이 무엇이 그렇게 중요하니?

"내가 너를 사랑해서 하늘 보좌를 버리고 십자가에서 널 위해 피 흘렸단다" 하시며 같은 음성으로 세 번 찾아오셨다.

그녀는 그때 이미 주의 종이 되는 길을 걷고 있었는지 모르겠다. 남편과 바람난 그 여자도 불쌍하고 그녀의 남편도 천하보다 귀한 한 영혼으로 보였던 것이다.

그리고 2년 후 작은아들이 열한 살이 되었을 때, 하나님이 개입하심으로 그녀는 또 두 생명을 살렸다.

작은아들이 아빠의 차를 타고 뭐 하다가 교통사고가 나서 중환자실까지 가게 된 사건이었다. 시댁 식구들은 모두 다 남편과 다시 합치라고 성화였다. 그녀도 그리하여야겠다고 생각했다. 그런데 수술도 잘 되어 회복 중이던 작은아들이 중환자실에 가게 되어서 그녀는 3일 금식을 하게 되었다. 그때 주님께서 남편과 다시 합하지 말라고 하셨다.

3일 금식 후 중환자실에서 작은아들은 일반 병실로 올라왔고, 그녀는 시댁하고, 아니, 남편하고 인연을 끊어야 한다는 생각으로 마음을 다졌다. 그러나 두 아들에게는 그래도 아빠가 중요하니 계속 명절에는 시댁으로 보내 주었다.

남편의 다른 생명이 지금 살고 있는 여자에게서 두 명 태어났다.

죄는 다른 사람이 지었는데 주님께서는 그녀에게 왜 금식을 시켰는지…….

그것은 목자의 마음을 주님께서 그때부터 그녀에게 주신 것이다.

성도들이 죄를 지을 때 주님은 목회자에게 그 죄를 회개할 자처럼 기도시키시는 것이다.

뒤늦은 나이에 그녀는 목회자로 부름받았다. 생명은 귀한 것이기에 하나님은 이 땅에 주의 종들을 세우는 것이다.

큰아들의 결혼식이 있는 날 시댁 식구들은 모두 왔고 남편 또한 큰아들의 아빠로 혼주가 되어 결혼식은 은혜스러웠다.

큰아들 결혼식 전전날 그녀는 또 하루 금식을 했다. 하나님께 영광이 되는 귀하고 복된 날 되기를 바라는 맘으로 기도드린 것을 주님이 기뻐하셨다. 그녀를 잘 아는 사모님이 결혼식 날 혼주석에 앉아 있는 그녀의 모습이 천사 같았다고 하셨다.

그녀는 남편과 같이 참으로 평안한 모습으로 축하객으로 오신 하객님들께 인사를 다녔다. 하객들 한 테이블을 소개했는데 남편과 함께하는 성경공부반이라고 했다. 그녀는 그 자리에 마음이 갔다.

우리 주님은 큰아들 결혼식 날에 지난 30년 세월을 아름답게 마무리 지으셨다.

행복은 무엇인가, 삶은 무엇인가?

어떠한 일이 있어도 이 땅에서 버티고 살아내는 것이다.

주님 부르시는 그날까지 주님의 영광을 위하여 자신을 비우는 것이라 생각한다.

서희준 seohijuns@daum.net
경북 안동 출생. 2001년 《창조문예》 시로 등단. 시집 『은빛 비자』, 『바람을 몰고 오는 사람』, 『샤론의 꽃』. 2023년 목사 안수.

은사 조신권 교수를 기리며

송광택

1973년 3월, 나는 총신대학교 신학과에 입학했다. 수업 시간에 뵙게 되는 모든 교수님이 내게는 우러러볼 수밖에 없는 인생과 학문의 선배들이셨다. 사람은 성장하면서 만남을 통해, 특히 스승의 도움으로 그의 세계와 사고의 지평이 넓어지고, 배움의 깊이도 더해 가는 법이다. 학부 시절에 나는 많은 훌륭한 스승을 접할 수 있었다.

존경하는 운암 조신권 교수는 1974년에 영문학 박사 국내 1호 학위를 받았다. 밀턴을 연구하여 박사 학위를 받으신 것이다. 조 교수는 고병려 교수를 통해 그의 전공 영문학과 신앙을 연관 짓게 되었고 좀 더 성경을 깊이 있게 알아야겠다는 생각도 갖게 되셨다고 한다. 그 후 열심히 성경 공부를 하였고 기독교 조직신학과

교리서도 혼자서 공부하였다. 그 결과 『성서 문학의 이해』를 비롯해 여러 권의 귀중한 저서를 쓰셨고 전집도 출간하셨다.

1993년 나는 한국교회를 위한 기독교 독서 운동을 시작하였고, 『독서 가족 만들기 31일』이라는 작은 책도 출간하였다. 후에 그 책을 개정 증보하여 『좋은 독서 가족 길라잡이』라는 이름으로 출간했을 때 교수님은 정성 어린 추천사를 써주셨다.

"좋은 책은 우리 마음의 거울이요 젖줄이라고 할 수 있습니다. 좋은 책은 우리의 경험 세계를 확대시켜주며 우리 삶의 변화를 가져다줍니다. 또한 좋은 책은 우리의 영적 수준을 높여줄 수 있으며 참 진리에 이르게도 합니다. 이 책은 바로 이런 길로 이끌어주는 인도자의 역할을 할 것입니다. 이 책 『좋은 독서 가족 길라잡이』의 저자는 학식이 풍부한 학자 목사로서 남달리 독서 문화에 깊은 관심과 열정을 쏟고 계시는 전문적인 좋은 책 읽기 길라잡이입니다." (「추천의 글」에서)

2010년 12월, 『고전의 숲에서 하나님을 만나다』(평단문화사)라는 책을 출간할 때도 교수님은 "우리 주변에는 친숙한 고전 작품이 많이 있지만, 풀숲의 물방울처럼 그냥 스쳐 지나가는 수가 많다. 하지만 이 책은 다양한 극치의 미와 진리의 결정 및 인생 체험을 한꺼번에 조명해 주는 양서다"라고 과분한 추천의 글을 써주심으로 격려해 주셨다. 그뿐만 아니라 본인이 총신대학교 평생교육원에 개설한 〈독서지도사 과정〉의 초청 강사로 오시어 '크리스천 지도

자와 독서'라는 주제로 열강을 해주셨다(2009년 10월).

나는 조 교수님을 생각할 때마다 학자로서의 근면함을 떠올리게 된다. 교수로 재직하시던 시절도 매일 10매 정도의 원고를 꾸준히 쓰셨다. 또한 독서의 소중함을 늘 강조하시고 교수님 스스로 본을 보이는 삶을 살아오셨다. 교수님은 「좋은 책은 우리 영혼의 젖줄」이라는 글에서 다음과 같이 말씀하신 적이 있다.

"책을 수천 권 아니 수만 권을 읽었다 해도 그것을 소화하지 못하면 삶의 에너지가 되지 못한다. 그러므로 많이 읽는 것도 중요하지만 읽되 정확히 그리고 꼼꼼히 읽어야 하고 읽은 것을 잘 씹어서 새기고 그것을 잘 소화시켜서 나의 것으로 만드는 것이 더 중요하다. 그때 비로소 그것은 나에게 젖줄이 된다." 교수님은 진정한 독서의 의미를 아셨고, 그 방법을 몸소 실천하신 것이다.

이제는 하나님 품에 안기신 은사 교수님을 기리는 글을 두서없이 썼다. 부족한 제자는 신앙인으로서의 스승의 모범과 학자로서의 가르침을 마음에 거듭 되새겨 본다. 교수님, 고맙습니다.

송광택 songrex@hanmail.net
2000년 《창조문예》 시로 등단. 저서 『시로 만나는 하나님』 외. 아동문학 신인상, 총신문학상 수상. 한국교회독서문화연구회 대표.

날개 잃은 수리부엉이

민영진

장수군 장수읍 물뿌랭이길에 금강 발원지 '뜬봉샘생태공원'이 있다. 자연 속에 파묻히는 체험을 하려고 들렀다가 그만 계획에도 없던 한곳에 오래 머물다가 왔다. 한쪽 날개를 잃은 수리부엉이가 갇힌 철망 우리 앞이다. 철망 우리에 붙은 표지에는 "천연기념물 324호. 멸종위기종 2급"이라는 글이 적혀 있다. 철망 우리 바깥 땅에 꽂힌 팻말에는 "이 수리부엉이는 자동차와 충돌하여 다친 상태로 구조되었으나, 한쪽 날개를 영원히 쓸 수 없어 야생으로 돌아가지 못해요. 많이 응원해주세요!!"라는 안타까운 사정이 적혀 있다. 이어서 '장수長水의 금강錦江 첫물 뜬봉샘 우리에 갇힌 수리부엉이'는 아니지만, 같은 처지에 있는 다른 수리부엉이를 관찰한 한 수의사의 「부러진 날개, 밤하늘을 훨훨 날다」라는 수리부엉이 구조기가 소개되어 있다.

안을 들여다보니, 한쪽 날개가 부러져 날지 못하는 수리부엉이가 땅바닥에 선 채로 아무런 표정도 없이 철망 밖을 응시한다. 나에게는 전혀 눈길을 안 준다. 철망 우리는, 날지 못하는 수리부엉이 혼자 살기에 비교적 넉넉한 것 같다. 우리의 높이는 4m, 둥근 우리의 지름도 4m쯤 되어 보인다. 사육사가 있어 먹이도 주고, 낮이나 밤에 쉴 수 있는 시설도 갖추어져 있다.

수리부엉이는 육식성 동물이다. 지금 내게는 부엉이에게 줄 쥐도 개구리도 없다. 그러기에 먹이를 주면서 사귈 수도 없다. 자세히 살펴보니 눈이 크다. 눈동자가 움직이지 않는다. 쫑긋한 두 귀는 마치 머리에 솟은 뿔처럼 위엄이 넘친다. 자동차에 부딪혀 잃었다는 것이 오른쪽 날개다. 상처가 깃털로 덮여있다. 몸과 얼굴도 부드러운 깃털로 수북이 덮여있다. 갈고리 모양의 부리는 날카롭고, 깃털 속에 감춰진 아래 발톱은 사뭇 위협적이다. 한참 후 내가 떠나도 미동도 없다.

꼭 2년 후, 그 수리부엉이를 다시 찾았다. 깜짝 놀랐다. 너무나도 상상 밖의 일이 벌어진다. 표정도 없이 서 있기만 하던 그 피조물, 처음 보는 방문객에게 아무런 흥미도 느끼지 못하던 날개 잃은 그 생명이 두 해 전의 나를 기억할 리 없을 터인데, 나를 보자마자 내게 쪼르르 달려오는 게 아닌가! 내가 움직이는 방향 따라 저도 움직인다. 내가 제 모습 대여섯 컷 찍는 내내 내게서 한 번도 눈을 떼지 않는다. 비록 한쪽 날개뿐이어도 내가 각도 바꾸어 가며 제게 초점을 맞출 때마다 한쪽 날개 퍼덕거리며 껑충껑충, 짧게나마 날아오르는 시늉을 하며 내게 다가와 날 반기다니! 그것도, 위로 날아오르는 시늉을 힘겹게 두 번씩이나 마다치 않고 하다니!

이제부터 나는 네가 이 우리 벗어나 훨훨 야생으로 돌아갈 날 학수고대하련다. 네가 잠시 머문 이곳이 다른 곳도 아닌 금강錦江 발원지, 그 첫 물, 봉황이 떠오른 샘물이었다니, 네가 여기서 마시는 뜬 봉 샘물이 너의 부러진 날개 죽지에 새 날개 돋게 해 주기를 빈다. 내일은 밤하늘을 훨훨 날아라.

민영진 yjmin@bskorea.or.kr
2003년 《창조문예》 시로 등단. 시집 『유다의 키스』, 『공중도시』, 『미안하다, 별들아』 외. 저서 김춘수 시 평설 『교회 밖에 핀 예수 꽃』. 창조문인협회 회장 역임. 동북아시아기독교작가회의 한국 회장 역임.

내 고향 아산

윤주영

그리 멀지도 않은 고향이지만 한번 찾아보기도 힘들다.

모든 것이 나이 탓이라고 하고 싶지만, 꼭 그런 것만은 아닌 것 같다.

나이가 팔십에 들어서게 되면 모든 것을 정리해야 할 단계라고 대부분 사람은 생각한다.

그러나 나의 경우는 모든 것이 나이 탓이라며 뒷걸음질 치지만 문학에 대한 열정은 그렇지 않다.

내가 쓴 시를 보는 지인들은 신앙 시보다 애정 시가 더 두드러진다고 이야기한다. 하긴 내가 생각하기에도 사랑은 나이가 없다고 생각하듯 문학도 나이가 없다고 생각한다.

나는 고향 아산 도고에서 태어나 청년기를 보냈다.

우리 고향 일출곡(인추골)은 도고저수지의 변두리에 위치하여 초·중·고등학교까지 저수지 둘레 길로 12년간 통학을 한 코스이다.

아버지는 초등학교 교사였기 때문에 어릴 때는 아버지의 손을 잡고 학교에 다녔지만, 중학교 이후에는 지금의 도고온천역까지 10여 km를, 이른 새벽 기차를 타기 위하여 둘레 길을 걸어야 했다.

여름철 장마가 끝나면 저수지 수면 위로 하얗게 피어오르는 보얀 물안개에 묻히게 된다.

물안개는 장관을 이루었다. 호흡이 막힐 정도로 진한 안개로 앞서서 가는 사람도 잘 분간하기 어려울 정도로 마치 먼 나라의 동화 속에서 본 세계를 자주 경험하고, 길가에는 아름다운 꽃들이 피어 있고, 저녁에는 수박을 쪼갠 듯 황홀한 저녁노을에 늘 감격했다.

저녁별이 호수 위에 뜨고 이쪽저쪽 낚시 막에서는 간드레 불빛이 길게 짧게 물결 위를 지나는 광경은 어떻게 글로 표현해야 하는지를 생각하면서, 겨울철에는 철새 떼가 날으는 모습에서 여러 가지 사색에 잠길 수 있었다.

늘 아름다운 동화도 쓰고 싶고 소설도 쓰고 싶었다.

아마 이 시기에 나에게는 문학에 대한 두 번째 태동기였던 것 같다.

한번은 고등학교 재학 시절 교내 신문에 「호숫가」라는 첫 시를 발표한 것이 인연이 되어 친구들과 〈아산학생문우회〉라는 문학 단체를 만들고 인근 여고와 중학교의 문학에 소질과 관심이 많은 학생과 각 학교 국어 선생님들을 고문 선생님으로 구성해 문학 활동을 시작했고, 계간지 《은물결》을 발간하여 유수의 기관과 학교에 배포하며 자긍심을 얻기도 했었다.

또한 아산문화원 초청으로 문화원 아침 방송에 자작시와 산문 등을 낭송하여 친구들의 부러움과 학교로부터 칭찬도 받고, 계간지를 만들 때마다 등사기와 작업을 할 수 있는 숙직실도 제공받을 수 있었다.

그때가 1960년대로 이렇게 아산은 내 문학의 태동기를 거친 곳이다.

이후 직장을 따라 객지 생활을 하며 서울에 정착할 때까지 늘 문학의 열망은 컸지만 창작의 길은 쉽지 않았다.

회사를 출퇴근하면서 어느 장르를 택할 것인지 정해지지도 않은 채 허공 속에 이런저런 구상을 해 보며 허송했다. 내게는 시인의 길이 너무나도 늦게 찾아온 것이다.

직장을 퇴직한 후에야 한때 소망이었던 글쓰기로 간간 써두었던 시편 몇 점이 모 문예지에 신인상으로 당선되면서 지금은 등단 시인이 되어 문예지에 가끔 발표도 하지만 부끄러운 것은 실제로 고향을 토대로 한 작품이 없다는 것이다.

몇 해 전 모교인 도고초등학교로부터 요청받은 특강을 마치고 온양온천역에 내렸다가 공중화장실 칸칸마다 나무판에 아름다운 시를 써서 게시한 것을 보고 놀랐다.

아마 고향 출신 시인인 모양인데 그것을 보는 순간 얼굴이 화끈 달아올랐다.

아산에는 온양온천역을 거쳐야 하는 관광지가 여러 군데 있다.

온양온천, 도고온천, 아산바위, 저수지도 여러 군데 있고 민족의 혼 성웅 이순신 장군의 사당 현충사가 있어 장군의 영정과 유물들이 전시되어 타지의 학생들도 수학여행지로 찾아오는 곳이다.

이 고장에서 태어나 문인이 되고 자기 고향을 위해 받은 달란트대로 헌신하는 모습은 참으로 귀하고 본받을 일이다.

나도 이 고장에서 태어나 문학의 태동기를 왕성하게 거쳐 지금은 타지의 문학 단체에서 후배들의 시 쓰기 지도하면서, 고향에는 등한시했던 것을 자책한다.

고향에 대한 부끄러움이 한없이 앞선다.

윤주영 jyyun0429@naver.com

1941년 충남 아산 출생. 2004년 《창조문예》 시 부문 신인상 등단. 2012년 《기독공보》 신춘문예 시 당선. 시집 『햇볕은 노을 너머 저녁 배를 타고』 외. 운강문학상 수상. 대한민국통일문예대전 시 부문 입상. 황순원문학제 디카시공모전 입상. 한국찬송가작가총연 가사 채택 3편. 한국예술인문예재단 창작기금 수혜.

아버지의 그림자

전성철

아직은 봄 햇살이 먼발치에서 서성거리는데 아들은 무장한 중세 기사 같은 마음으로 육군사관학교 기초 군사 훈련장에 입소했다. 어쩌다 날씨가 매서운 날이면 나는 비상을 시도하는 헬리콥터처럼 발만 동동거렸다. 전설 같은 시간이 지나면 저 푸른 실록처럼 무성함을 드러내겠지만 아직은 무표정한 겨울 거리가 답답했다. 기초 군사 훈련장에서 허물 벗는 연습을 하던 아들에게서 편지가 왔다. 겨울바람에 말라 버린 아들의 땀방울을 보며 아내는 눈물을 보였지만 어느새 성숙해져 제법 남자 냄새가 나는 아들이 풍성한 가을 들녘처럼 고맙게 다가왔다. 오래전 기억들과 더 오래전 내 아버지의 모습이 추억 속 한 장면처럼 하얀 도화지에 그려지고 있었다.

가난이 앙상한 겨울나무처럼 시리던 어린 시절에 칠 남매인 우리는 학교보다 논과 밭에서 더 많은 시간을 보냈다. 그렇게 열심히 일을 했어도 가을 추수 때면 수확량의 절반을 논 임자가 가져가고 우리가 먹는 식사는 고구마가 절반이었다. 형들은 공장 생활을 하면서 야간 고등학교와 대학을 출입했고 나는 서울행 비둘기호에 몸을 실었다. 철가방을 들고 거리를 누비면서도 영어 단어장은 언제나 손에 들려있었다. 어쩌다가 학생복을 마주칠 때면 나는 고개부터 돌렸다. 그때마다 아주 조금 부모님을 원망했다.

입학식이나 졸업식 때도 소풍을 갈 때도 운동회 때도 부모님은 학교가 아니라 논과 밭에만 계셨다. 그렇게 개미 같은 젊음을 보내셨는데도 우린 언제나 배고팠고 학교 등록금을 마련할 수 없었다. 검정고시를 준비하기 위해 다시 고향에 내려갔을 때 어머닌 아무 말도 하지 않고 내 손만 잡으시며 눈물만 흘리셨다. 소의 여물을 주시던 아버지는 어느새 십 년은 더 늙어 보이셨다. 전깃불도 들어오지 않는 산지기 집에서 공부를 해낼 수 있었던 것은 의지가 강해서라기보다 공부가 편했기 때문이었다. 뙤약볕에서 논매는 일이나 두엄을 내는 일보다 수학 문제를 푸는 것이 훨씬 좋았다. 그러나 어렵게 들어간 대학이 젊음과 낭만이 춤추는 공간은 될 수 없었다. 생활비와 학비를 벌기 위해 대부분의 저녁 시간은 수학 문제를 풀며 분필 가루를 먹어야 했다. 여름 바다 같은 일상에서 나의 부모님이 그랬던 것처럼 하늘 향해 부끄럼 없게 살기 위해 교회와 학교와 집만을 오가며 살았다.

아들이 검정고시를 치르는 날은 벚꽃이 유난히 예쁘게 핀 봄날이었다. 하늘은 파란 물감을 뿌려놓은 듯이 맑았다. 시험장에 아들을 보내고 나는 25년 전 아버지를 생각했다. 아버지는 언제나 제한된 양의 햇볕만 쬐고 산을 지키시는 산지기였다. 송아지와 노루가 뒤엉키는 마당에서 아버지는 무슨 꿈을 꾸고 계셨을까? 일손이 달려 쇠꼴을 베라는 아버지의 말을 어기고 큰형은 기말고사 준비를 목화밭에 숨어서 한 적이 있었다. 한참을 공부하던 형이 고개를 들자 목화밭 어귀에서 아버지가 깔을 베고 있었다. 너무 놀란 형은 땀이 비 오듯 쏟아졌지만 아버지께 걸릴까 봐 계속 숨어 있을 수밖에 없었다. 책까지 다 젖어버리고 더 이상 견딜 수 없게 된 형은 고개를 살짝 들었을 때 그만 아버지와 눈이 마주쳐 버렸다. 불호령을 예상하고 벌벌 떨고 있는 형은 고개를 돌리는 아버지의 눈에서 흐르는 눈물을 보고 말았다. 그날부터 아버진 큰형이 공부하고 싶을 때 마음대로 하라고 허락하셨다. 그날부터 큰형은 대놓고 공부 행세를 했고 둘째 형과 나는 큰형 몫까지 쇠깔을 베느라 숨이 찼다. 오랜 시간 동안 가슴속에 담아두었던 약간의 원망과 어려운 수학문제 같은 야속한 도전이 이렇게도 한순간에 풀려버리는 것은 알 수 없는 일이다.

화려하지는 않아도 있어야 할 자리에서 있어 주셨던 느티나무 같았던 아버지는 고백도 맹세도 없이 하늘로 가셨다. 한평생 산자락에 쬐이는 햇빛만 받으시다 가신 아버지의 그리움이 밀물처럼 다가왔다. 아들은 내가 아버지에게 품었던 그만큼의 몸짓으로 항거해 왔다. 아침 안개 속에서 날갯짓하는 아들을 안개가 걷힐 때까지 기다려 주어야만 했다. 그 안개가 걷히고 비가 내려도 내가 할 수 있는 일은 기다려 주는 일밖에 없었다. 아들이 날갯짓을 하고 있는 것은 비가 그치고 태양이 뜰 때 날아갈 수 있다는 믿음이 있기 때문이다. 아들은 아직도 계속해서 날갯짓이다. 때론 소나기를 만나 날개가 흠뻑 젖어도 또다시 날아오르려 할 것이다.

지나가 버린 들녘엔 똑같은 꽃들이 또다시 피어나는데 나는 겨울 매미 같은 외로움으로 아스팔트 위를 서성거린다. 전쟁 같은 분주함으로 쌓아 올린 삶의 돌층계들이 너무 초라하다. 아버지가 쌓아 올린 돌층계들은 눈비 속에서도 산처럼 버티고 있는데 수학 문제처럼 풀리지 않는 것이 우리의 삶인가 보다. 허울로 순수를 가린 채 중력에 저항하며 살아온 어제에게 미안했다. 그 언젠가 큰형이 보았던 아버지의 눈물을 이제 다시 볼 수 없어도 하늘에서 내리는 햇볕의 무게는 이제 느낄 수 있다. 내 아버지와 내가 그랬던 것처럼 아들도 이 푸름이 짙어가는 들녘에 땀방울과 희망을 뿌릴 것이다. 하늘은 봄에 뿌린 만큼 여름내 더위와 비바람을 이겨낸 만큼 성숙한 열매를 내려 주실 것이다. 그 어느 날 나의 아버지가 내게 그렇게 다가왔던 것처럼 내 아들도 하늘을 바라보며 웃어주었으면 참 좋겠다.

전성철 jsc8942@naver.com
1966년 전북 정읍 출생. 2003년《창조문예》시로 등단. 시집『영혼을 끄는 목마』. 기독교문학상 수상. 검정고시를 거쳐 고려대 영문학과 동 대학원 국문학과 졸업. 현 옥수동 옥수교회 시무장로.

간이역에서

박계영

간간이 잠든 듯 기적 소리가 들린다. 늦가을 문풍지 바람결 허옇게 내린 서릿발이 선로 위에 뒹군다. 햇볕도 지쳐 비껴간 빈 벌에 누군가가 뿌려 놓은 소곤댐이 따스한 눈물로 고인다. 언제 예 섰던가. 검푸르게 튕겨 나온 생生의 몸부림들이 간이역의 아침을 맞는다. 촌로들의 헛헛한 기침 소리에 옛 고을의 반가운 그림자가 드리운다.

시골의 애환이 손때 묻은 보따리에 빈 아우성으로 걸려 있고, 반기는 이 드문 이 자그마한 간이역에는 그래도 발자국마다 사연이 쌓인다. 살아온 날들이 그리도 더뎠던가. 철길을 따라 침목 하나하나를 밟으며 걷노라면 침묵으로 돌아누운 세월이 안개 속에 흩어져 내린다. 때로 이 간이역에서 떠나보내는 시간이 아쉬웠다.

슬펐다. 그러나 아니 아름다웠다. 불필요한 장신구로 수많은 우리의 '집착' 속에 우리의 귀한 삶 전체가 함몰되는 두려움이 사라져 버렸기 때문이리라.

우리의 삶 속에 칡덩굴처럼 퍼져있는 의미 없는 집착들과 가치 없는 애착들을 잘라서 떠나보낼 때, 우리는 우리의 몫인 소중한 삶을 되돌려 받는 것이다. 미련 없이 떠나보내는 것 그것은 이별에서의 자유이다.

한 걸음 한 걸음 침목은 소리 없이 누워 수많은 세월들을 견디어 왔다. 무겁디무거운 열차들이 달릴 때 있는 듯 없는 듯 말없이 누워서…….

때로는 하루라도 버티어 내지 않으면 안 되는 버거운 삶의 무게들이 응고된 슬픔으로 휘몰아칠 때, 묵묵히 버티어준 위로의 버팀목들이 있었다. 가족, 진실한 친구, 스승님들…….

그래서 삶은 어두운 골짜기에서라도 빛의 소리를 듣는 것이 아닐까. 그리하여 생명을 소리치는 생의 환희를 수혈할 때 우리는 우리 모두의 삶을 넉넉히 떠받쳐낼 수 있으리라.

해어진 종잇장 사이로 낡은 흑백 사진이 눈에 선하다. 빛바랜 사진틀 속의 가족들은 어느 날 간이역에서 그리운 음성조차 들을 수 없는 먼 곳으로 떠났다. 가족이란 따스한 두레반에 앉아있던 아들 딸들은 그렇게 하나둘 곁을 떠났다. 명절에야 한두 번 찾아오는 걸음은 노모의 간절한 천년 기다림으로 하늘에 맞닿아 모든 설움을 삼켰다. 작은 간이역은 이제 바람같이 기다림의 빗줄기가 되어 눈앞에 어른거린다.

멀지 않은 그 역은 이제 가슴속에서 서리어 옛 풍경들을 휘파람처럼 풀어낸다. 언젠가 전에 여기서 아들을 보냈지. 또 딸들을 차례로 보냈지. 열차가 흔들리며 떠나고 차창 밖으로 흔드는 손길이 스러져갈 무렵 노모는 손을 흔들다 문득 혼자임을 본다. 수없이 떠나보내고 홀로 남음, 이 당연한 현실 한 가닥을 문득 부둥켜 쥔다.

풀 향내, 들꽃 바람, 시골의 갖가지 그리움이 낯을 내민 자질구레한 살림살이들과 꼭꼭 봉해 얽어맨 참기름 병 사이로 어머니의 그리움이 별처럼 내린다.

"어서 가야제(가야지)." 마음은 급하고 열차는 더디다.

평생 무얼 간직하고 살으셨을까.

"아무렴. 선물이 아니야. 용돈도 아니지."

"애들 얼굴 한 번 보고 손자 손녀들의 손목 한 번 잡아 보는 거여."

그 간절한 노모의 사랑과 그 훈김을 이 작은 간이역에서 애틋함 없이 어찌 실어 보낼 수 있으랴.

선로를 따라 걸어본다. 길은 영원히 평행선이다.

너와 내가, 또 너희와 우리가 마주 서 있는 한 우리는 영원한 평행선이다. 각자 제 길을 가고 제 꽃을 따고 제 이야기들을 실어낸다. 어느 한 점 교차로에서 너와 내가 만날 때, 우리 각자 '자아'의

평행선은 의미 깊은 만남으로 돌아선다. 그리하여 '우리'가 쏟아내는 멋진 하모니(harmony)가 찬미로 삶을 빛내는 것이다. 누가 우리의 삶을 향해, 사는 게 그저 그런 거라고 삶의 지친 그림자를 들이내밀 때, 조그마한 간이역의 숨소리를 들을 수 있다면 그 속에서 값진 삶의 이야기들을 퍼 올릴 수 있으리라.

위세 당당한 초고속 열차나 KTX들이 돌아도 안 보고 건너뛰는 이 작은 간이역엔 논밭을 돌고 꼴을 베는 소년들의 해맑은 웃음소리가 있다. 그 넓고 푸른 하늘이 나의 것이고 짙푸른 넓은 들도 나의 것, 우리 것이다. 밤골의 밤나무 숲은 우리들의 이야기이다. 도시의 안경으로는 잡히지 않는 시골이 누리는 부요함이다.

우리의 눈앞에 보이는 것, '소유의 저울'로 삶을 가늠하는 것은 얼마나 어리석은 일인가. 소유가 삶을 지배하는 천박한 미덕은 이 작은 간이역에는 없다. 가난하다 못해 순수한 눈망울들이 자그마한 자유에서 안식을 누릴 때, 우리의 걸음걸음 소중한 삶의 자락에 행복이 소유의 거대함에 있다고 누가 말했던가!

박계영 alpha4658@naver.com
2010년 《창조문예》 시로 등단. 《아동문학세상》 동시 등단. 송강 정철 400주기추모전국백일장 수필 입상. 박계영 찬양시화전 개최. 전 여고 음악 교사(초중고 12년간 봉직). 음악교육연구발표대회 등 수상 6회.

모든 일에는 때가 있다

정진균

찬양대원은 주일마다 성도들을 대표하여 주님께 찬양을 드릴 귀한 의무를 부여받은 사람이다. 사실 이 일은 의무나 봉사라기보다는 축복이며 즐거움이다. 나는 10년 넘게 베이스 파트 대원으로 찬양대에서 찬양을 했다. 그런데 정말 찬양을 하고 싶지만, 찬양을 할 수 없을 때도 있다는 것을 알게 되었다.

첫 번째는 나는 베이스 파트인데 악보에 테너 음역에 가까운 높은 음들이 쭉 나와 있을 때이다. 이런 때는 작곡자가 원망스럽다. 아니, 꼭 노래를 잘해서만 찬양대를 하는 것이 아니란 사실을 왜 이 작곡자는 생각해 주지 않을까? 그래도 소리를 내보려고 하면 지휘자가 꼭 한마디씩 한다.

"베이스 파트에서 고음 안 되는 사람들은 억지로 소리 내지 말고 그냥 립싱크 하세요."

립싱크 한다는 게 자존심 상하지만 소리를 내면 지휘자가 귀가 좋아서 금방 알아채니 어쩔 수 없다.

나는 잘하고 있는 줄 알고 열심을 내지만 오히려 열심에 찬 행동이 화음을 깨뜨릴 수도 있구나. 다른 사람의 실수는 금방 알아채면서 내가 잘못하는 것은 의식도 못 하고 살 수 있는 것이 우리 삶인가 보다.

두 번째는 찬양에 은혜를 받아서 가슴이 꽉 차며 터져버릴 것 같은 순간들이 찾아올 때이다. 연습을 많이 한 곡일수록, 가사가 마음에 와닿는 곡일수록, 은혜로 인하여 가슴이 꽉 차버리는 순간들이 찾아온다. 그런 때는 지휘자가 눈치 못 채게 알아서 립싱크한다. 나는 립싱크를 하더라도 찬양곡의 흐름에 별지장이 없는 사람이어서 다행이라고 스스로 위안으로 삼는다. 하지만 눈으로는 끝까지 악보를 따라가며 찬양대원으로서의 양심을 지킨다.

목소리로는 찬양을 못 했지만, 마음속에서 울렸던 찬양은 주님께서 받아 주셨겠지. 오히려 마음은 없이 목소리로만 찬양하면

"너는 예배 시간에 웬 CD를 틀어 놓느냐."

하고 주님이 서운해하실지도 모르지. 진정한 찬양대원이라면 삶으로 찬양을 드리는 사람이지 않을까? 소프라노가 세게 나오면 부드러운 저음으로 받아 주고, 베이스의 저력이 필요할 때면 온 힘

다해 외치고, 솔로가 나올 때는 허밍으로 받쳐주며, 능력이 안 될 때는 립싱크를 해서라도 화음을 만드는 그러한 삶을 사는 사람! 성가대를 시작한 지 이제 10년 지났는데 얼마나 더 해야 진정한 찬양대원이 될까?

마지막 세 번째는 우리 찬양대에서 소프라노를 하셨던 김 집사님의 경우이다. 이분은 올해 처음 알게 되었는데 찬양할 때마다 머리에 예쁜 두건을 쓰고 찬양을 했다. 두건 스타일을 엄청 좋아하는 분인가 보다 했더니 나중에 알고 보니 항암 치료 중이었다. 한동안 찬양대에서 보이지 않더니 석 달쯤 전에 찬양대 연습실로 찾아왔다. 자기는 찬양을 너무나 하고 싶은데 이제는 연습 시간에 앉아있을 힘이 없어서 더는 연습을 못 하니 마지막으로 인사하러 왔다는 것이다. 모든 찬양대원이 김 집사님을 위해 눈물로 통성기도를 했다.

그리고 한 달 뒤, 김 집사님의 장례식장에 모든 찬양대원이 함께 모여 예배를 드렸다. 그분이 그토록 함께하기를 원했던 우리 찬양대에서 특송으로 "저 높은 곳을 향하여"를 부르기로 했다. 장례식장이라 피아노가 없어서 무반주로 찬양을 할 수밖에 없었다. 1절을 잘 마치고 2절은 지휘자가 솔로로 부르기로 했는데 "괴롬과 죄가 있는 곳 나 비록 여기 살아도 빛나고…" 까지 부르다가 지휘자가 갑자기 목이 메어 립싱크를 하는 것이다. 무반주에 립싱크를 하면 어쩌라고! 순간적으로 지휘자의 마음이 전해졌는지 지휘자의 옆에 있던 찬양대원 몇 명이 나머지 솔로 부분을 같이 불렀다. 그렇게도 찬양대에 함께하기를 원했지만, 앉아있을 힘이 없어 이제는 찬양대를 떠난다던 김 집사님은 아예 주님 곁으로 떠났다.

찬양대원이 립싱크를 해야 하는 상황에 처하게 되는 것은 안타까운 일이다. 하지만 찬양하기를 정말 원하는데 립싱크조차 할 수 없는 상황에 처하게 되는 것은 더욱더 안타까운 일이다.

모든 일에는 때가 있다. 어떤 일은 별것 아닌 일로 여겨져 소홀히 해버릴 수도 있다. 그러나 언젠가는 아무리 비싼 대가를 지불해도 그 일을 할 수 없는 때가 온다는 사실을 우리는 알면서도 모르는 것처럼 살아간다.

할 수 있을 때는 알 수가 없고, 알았을 때는 할 수가 없어서 인생은 늘 엇박자인 것 같고, 그래서 인생은 늘 모순이고, 그래서 나이 들수록 회한이 깊어지는 것 같기도 하다.

아는 것을, 아는 사람처럼 사는 것이 복인 것 같다.

정진균 jgchung@jbnu.ac.kr
전북 진안 출생. 2013년《창조문예》수필로 등단. 수필집『보이지 않아도 보는 것처럼』. 현재 전북대학교 전자공학부 교수.

자격 없는 자격증 소지자

추연수

올해(2025년) 2월에 서울디지털대학교 문예창작학과를 졸업했다. 2017년 봄에 입학했지만, 중간에 사정이 생겨 4년 동안 휴학을 했기에 8년 만에 졸업했다. 내가 나이 50대 후반에 문예창작학과에 들어간 것은 두 가지 일 때문이었다.

하나는 퍽 오래전에 겪은 일이다. 1980년대 초였다. 정독도서관에 가려고 아침 일찍 집을 나섰는데, 종로3가에서 불심검문에 걸렸다. 당시 서울 시내엔 경찰이 쫙 깔려서 대학생으로 보이는 청년들을 잡아 검문했다. 경찰은 내 가방을 열어 소지품을 뒤졌다. 노트를 꺼내 한 장 한 장 넘기며 살피더니 화들짝 놀라 상급자를 불렀다. 그가 놀란 이유는 내가 쓴 글 때문이었다.

제목은 「자격 없는 자격증 소지자」. 내용은 자격을 갖추지 못한 사람이 자격증을 갖게 되면 문제가 된다는 사회적 비판이었다. 자격 없이 자격증을 가진 의사, 교사, 건축가, 정치가 등이 얼마나 위험한지를 여러 사례를 들며 설명했다.

곧바로 달려온 상급자가 노트를 건네받아 읽고는 아주 정중히 내게 물었다.

"이 글을 선생님이 쓰신 겁니까?"

"네."

상급자는 잠시 뜸을 들이더니 차분히 말했다.

"이 글 자체는 문제가 없지만, 이게 위로 올라가면 문제가 될 수 있습니다. 제가 이걸 없애도 되겠습니까?"

나는 고개를 끄덕였다. 그는 그 글이 있는 부분을 찢으려다가 잠시 멈추더니 내게 노트를 건네주며 부드럽게 말했다.

"선생님께서 직접 찢어서 제게 주십시오."

그는 품위 있게 말하며 행동했다. 지금 돌이켜 보면 그는 자격을 갖춘 경찰관이었다.

다른 하나는 몇 년 전에 일어난 일이다. 내가 강의하는 신학교 야간반에 등록한 수강생 중에 국문학을 전공한 대학교수가 있었다. 서경대학교 이복규 선생이다. 그와 문학에 대해서, 특히 시에 관해서 이야기를 자주 나누었다. 내가 젊어서 습작한 시를 몇 편 보여주었더니 썩 좋은 평을 하며 등단을 권유했다.

처음엔 망설였으나, 그의 진지한 권유와 박이도 시인의 격려에 힘을 받아 2015년 가을에 《창조문예》 신인 작품상 시 부문에 응모

했고, 연말에 당선 통지를 받았다.

2016년 2월 시상식에서 당선 패를 받았는데, 마냥 기쁘지만은 않았다. 어려서부터 꿈꾸던 시인으로 등단했으나, 시를 잘 알지 못해 자격 없이 자격증을 받는 기분이었다. 자격을 못 갖춘 사람이 자격증을 갖는 것을 비판하던 내가 그 꼴이 되지 않았는가 싶었다. 차라리 당선을 사양했어야 옳지 않았을까 하는 생각도 들었지만, 한편으론 날 격려하고 도운 이들이 마음에 걸렸다. 그래서 이제라도 시를 제대로 공부해 보자는 마음으로 2016년 가을에 서울디지털대학교 문예창작학과에 지원했다.

8년 만에 과정을 마치고 문학사 학위를 받았다. 복수 전공으로 영어학과 과정을 마치고 영어학사 학위도 받았다. 그러면 나는 이제 자격을 갖춘 시인인가? 문학사 학위증이 시인 자격증이라도 되는가? 그렇지 않다는 사실을 나 자신이 안다.

아, 어느 날에야 나는 이름에 걸맞은 시인이 되려나.

추연수 ystchu@korea.com
2016년 《창조문예》 시로 등단. 밥죤스신학교 교수.

유리 새장에 갇힌 비둘기

임재균

해외 선교지에서 돌아와 머물 곳이 없던 시절, 나는 한 지인의 배려로 잠시 청평 시골집에 유숙하게 되었다. 마침 그 집에 구역 예배가 있어 참여하게 되었는데 서로 기도 제목을 내놓고 합심 기도를 하는 시간이 있었다. 그때 한 여성도의 기도 제목이 내 마음을 애잔하게 하였다. 그 기도 제목에서 전 남편으로 인한 깊은 상처로 몸부림치며 살아가고 있는 여성이라는 것을 알게 되었다. 그녀는 우리 부부가 머물고 있었던 집, 문간채에 살고 있었는데 그녀는 말수가 적었고 다소곳하였다. 내 아내보다 조금 어린데 홀로 직장을 다니며 어렵게 딸을 양육하고 있는 평범한 여성이었다. 몇 주가 지나자 그 집 울타리 안에 거주하는 여성들은 쉽게 친밀해졌고 가끔 툇마루에 앉아 녹차를 마시는 등 정담을 나누기도 하였다.

어느 날 그녀는 남편의 외도와 언어폭력으로 인해 이혼할 수밖에 없었다는 사연을 풀어놓았다. 홀로 공장을 다니면서 검소하고 단아하게 살았던 그녀가 날이 갈수록 남편과의 행복했던 시절을 잊지 못하고 더욱 그리워하였던 것은 딸아이가 성장하면서 아빠를 계속 찾았기 때문이었다. 이렇게 우리 부부는 그녀의 속내를 알게 되었고 측은한 마음으로 누이동생 같은 그녀의 마음을 다독이며, 미워하지 않는 마음은 하나님께서 주신 마음이요, 하나님께서 자매와 함께 계신다는 믿음을 계속 심어 주었다. 그리고 만날 때마다 그녀의 상처를 싸매어주시며 새롭게 일어설 수 있는 믿음과 용기 주시길 간곡히 기도해 주었다.

나는 그녀의 말을 들을 때 카라바조*를 떠올렸다. 죄책감에 시달리며 골리앗의 머리에 자기 얼굴을 그려 넣은 화가 카라바조처럼 그녀도 아픈 추억 속에 자기 얼굴을 그려 놓고 하늘의 긍휼을 기다리며 사는 것처럼 보였다. 미움은 사랑보다 매우 무거운 짐이다. 놓지 못하고 버리지 못하는 감정은 어두운 음지에 피어나는 꽃과 같은데……. 늘 그녀는 훨훨 날아가고 싶다는 말을 자주 했었다. 내가 느끼기에는 날 수도, 마음껏 울지도 못하는 슬픈 새 같았고 야곱을 사랑하는 레아처럼 자신 스스로가 제작한 유리 케이지에 자신을 가둔 비둘기 같았다.

우리는 누군가를 쉽게 판단하고, 또 정죄하며 간음한 여인(요 8:1-11)을 향해 돌을 들었던 사람들처럼 살아간다. 그러나 용서*는 주님의 마음을 품고 아픔과 미움을 물 위에 낙엽 띄워 보내듯, 너그러운 마음으로 빚진 자의 빚을 탕감해 주듯, 믿음으로 환경을 이해하며 사랑하는 데서부터 시작되는 것 같다. 그녀가 길고 추운 겨울을 잘 이기며 피어나는 헬레보루스*처럼 사랑의 꽃으로 다시 피어난다면 얼마나 좋을까? 유리 새장에서 벗어나 훨훨 창공을 날아다니며 마음껏 자유를 누린다면 얼마나 좋을까? 우리네 인생! 인생 끝나는 그날에 우리에게 남는 것은 오직 사랑뿐인데……. 주께서 우리를 사랑하고 용서하신 것처럼 더 많이 사랑하고 더 크게 용서하는 도리밖에……. 혐의가 있거든 서로 용서하고 허물을 덮어주라(막 11:25)는 주의 말씀처럼 나도, 우리 모두도, 서로 더 많이 용서하며 사랑하자고 마음을 다독여 본다.

* 카라바조(Caravaggio) : 본명 미켈란젤로 메리시, 이탈리아의 화가, 출신지 '카라바조'라는 작은 마을.
* 용서[아피에미(헬)] : '탕감하다', '떠나보내다'의 의미로 쓰이며, 죄의 용서와 인간관계의 화해에 초점을 둔다.
* 헬레보루스 : '눈 장미'라 불리는 다양한 색을 띠는 상록 다년초.

임재균 yesimmanuel@naver.com
2016년 《창조문예》 시로 등단. 경희대 경영학, 한세대 신학대학원 신학, 총신대 신학대학원 신학, 고려대 의용과학대학교 의료물리학, 필리핀 벵겟 주립대 교육대학원 교육학 수료. 한국미술협회 수원지부 회원(유화, 2012~). 전前 강남동산교회 필리핀 파송선교사. 장애복지희망의숲 이사. 현現 온누리 안디옥교회 담임목사. 임마누엘선교회(병원 연합) 리더.

식도락食道樂

성보경

프랑스의 브리야사바랭(Jean Anthelme Brillat-Savarin)은 그의 책『미식 예찬(Physiologie du goût)』에서 "당신이 무엇을 먹는지 말해 주세요. 그러면 나는 당신이 어떤 사람인지 이야기해 주겠습니다"*라고 말했다. 무엇을 먹는지가 그 사람이 어떤 사람인지 결정짓는다는 말이다. 유명한 미식가였던 그의 문장을 곱씹다 보니 '식도락食道樂'이라는 말이 괜히 생긴 말은 아니구나 싶다. 과연 먹는 일에도 도가 있고, 도를 즐기는 일 중 하나가 먹는 일이 맞다.

친구 셋과 종종 나들이길에 나선다. 오랜만에 만나 오찬을 나누며 즐거운 시간을 보내려 함이다. 평소에 자주 못 가던 행선지를 택하고 찻길을 달린다. 도심을 벗어나 야외로 나가 보면 도시 주변 야산 구릉 아래 엎드린 인가들, 추수를 끝낸 들판, 단풍으로 물들어 가는 산야가 펼쳐진다. 구릉과 골짜기를 제치고 우리가 탄 코란도

승용차는 잘도 달린다.

울산 주변에는 우리의 식도락을 돕는 맛집들이 있는데 철 따라 날씨 따라, 그날의 기분 따라 입맛에 맞는 행선지가 정해진다. 쌀쌀한 어느 날은 양산시 하북면 지산리의 '옻닭 백숙', 기운이 달리는 어느 날은 경주시 배내 '염소 불고기', 얼큰한 맛이 필요한 날은 방어진 포구 '참가자미 찌개', 또 다른 어느 날은 기장 시장 '곰장어 양념구이', 기장 포구 '장어구이', 정자 횟집의 '활어회', 불국사 시장 '암뽕 수육', 경주의 '한정식', 영천 중앙시장 '한우 곰탕', 부산 국제시장 '설렁탕', 경주 배내 개울가 '민물 매운탕', 역전시장 '도루매기 조림'……. 세어 보니 여남은 곳도 더 된다.

무엇을 먹을까 친구들과 이야기를 나누다가 문득 어린 날을 떠올린다. 가난한 농촌의 중고생 시절 먹어도 또 먹고 싶고, 돌아서면 배가 고팠다. 집 앞 마당 가 감나무에 하나 남은 홍시가 얼마나 탐스럽던지……. 가는 가지 끝에 위태롭게 달린 홍시를 겨우겨우 따서 한입 베어 물면 그 달짝지근한 맛이 뱃속 깊이 스며드는 느낌이었다. 단맛이 귀하던 그때의 나에게 홍시 한입은 최고의 식도락이었다. 지금이라면 거들떠보지도 않을, 높은 나무 위 홍시 하나가 그다지도 고맙던 그날들이 있었기에 먹는 즐거움이 귀한 것을 안다.

오늘의 메뉴는 구수한 설렁탕으로 정해졌다. 뽀얀 국물 한 숟가락, 야들한 고기 한 점, 매콤 새콤 아삭한 깍두기 한입에 속이 쫙 풀린다. 배가 차니 인심도 차오른 것인지 먹는 도가 통한 것인지 잘 모르겠지만, 점점 마음에 고마움이 가득해진다. 먹는 사람을 위해 희생된 생명도, 맛있고 정갈한 음식이 상 위에 오르기까지

수고한 모든 이들도, 여기까지 동행한 친구들도, 팔십이 넘도록 맛난 음식을 누릴 수 있는 건강도 모두 고맙다.

브리야사바랭에게 내가 먹은 것들을 이야기하면 그는 나를 어떤 사람이라고 말할까? 가난한 어린 시절부터 풍요로운 지금까지 주어진 음식을 누리며 매일을 감사로 채워가는 참 '도道'를 즐기는 사람이라 해 주면 좋겠다.

* 불어 원문은 "Dis-moi ce que tu manges, je te dirai ce que tu es."

성보경 bearyses@hanmail.net
2014년 《에세이문예》 수필 부문 신인상. 2016년 《창조문예》 시 부문 신인상. 2018년 대구 《매일신문》사 공모전 매일시니어문학상 논픽션 부문 당선. 2019년 대구 《매일신문》사 공모전 매일시니어문학상 수필 부문 당선.

나는 한때 영화 광狂이었다

장보금

나는 영화를 많이 보았던 영화광이었다.

고등학교 때 고전을 즐겨 보다가 소설이 영화로 나와서 영화관을 찾았다.

1960년대 당시엔 영화관에는 중고등학생 출입이 금지되었다. 학교 선생들은 영화관 출입 학생들을 찾아 단속이 심했다.

나는 저런 좋은 영화를 학교에서는 왜 못 보게 한가에 의문이 되었다. 영화의 배경도 광폭廣幅적이어서 우리와 시야가 다르고 소설이 그러하듯 배우들의 서구적이고 역동적인 것은 우리 영화와는 판이하게 다르다.

어찌 보면 서구적이란 기독교적이고 개척적이고 가능성이 보인 미래지향적이라 할 수 있다.

나는 책의 내용과 영화를 비교하는 데 재미가 있었다.

스토리를 각인하는 데 확실했다.

그렇다고 내가 영화에 미쳐 학교 공부에 게을리하지 않았다. 문제 학생은 아니었다. 선생인 오빠들 때문에도 공부를 안 할 수 없었다.

외국영화를 즐기다 보니 국산 영화는 마음에 들지 않아 재미가 없어 본 게 기억에 별로 없다.

나는 교복을 벗고 언니 옷으로 갈아입고 모자 하나 푹 눌러쓰고 영화관을 출입했다. 나는 이런 식으로 유명한 영화는 거의 섭렵했다.

〈콰이강의 다리〉, 〈벤허〉, 〈내일이면 늦으리〉, 〈아버지와 아들〉, 〈부활〉, 〈십계〉, 〈바람과 함께 사라지다〉, 〈어두워질 때까지〉, 〈어제와 오늘〉, 〈남과 여〉, 〈전쟁과 평화〉, 〈서부로 가다〉, 〈남태평양〉 등등이 기억된다.

배우들의 이름도 당장 기억된다.

오드리 헵번, 마릴린 먼로, 엘리자베스 테일러, 몽고메리 클리프트, 찰턴 헤스턴 등 주연급이다.

이들이 나온 영화라면 기를 쓰고 보았다.

결혼하기 전, 미 8군에 있을 때까지도 영화를 보았다. 8군에서의 영화는 시중에 배급되기 전이었기에 가위질 없는 오리지널이었다.

그런데 결혼하고는 그렇게 가고 싶은 영화관에 가본 일이 별로 없다. 보수 목사님을 따라 살다 보니 영화관하고는 아예 담을 쌓았다.

얼마 전에는 오랜만에 영화 〈벤허〉를 보았다.

예수님이 십자가를 지고 갈 때 벤허가 목마른 예수님께 물 한 잔 마시게 할 때 로마 군병이 발로 차 물이 든 양재기가 쪼그라진 장면이 인상적이었다.

한 모금의 물까지도 거부당한 예수님이 그의 인자한 눈으로 벤허를 바라보는 순간 문둥병에 걸린 벤허의 엄마와 여동생이 고침을 받은 기적이 일어났다.

얼마나 시원하고 감동적인가?

벤허가 유명 영화로 지금껏 사랑받는 이유가 무엇일까.

『천로역정』이나 『그리스도를 본받아』 같은 책이 성경처럼 사랑받은 이유는 역시 그리스도를 성경에서처럼 잘 그려냈기 때문이리라.

장보금 rev_kimsg@naver.com
2018년 《창조문예》 수필로 등단. 미 8군 사령부 근무(G4 사무직). 유아교육 심리상담사.

어린 시절의 추억

방한길

봄은 설렘의 계절이라면 가을은 그리움의 계절이라고 말할 수 있다. 가을이면 어디론가 떠나고 싶고, 멋진 추억을 만들고 싶고, 만나고 싶은 사람도 생각이 나고 그리워진다. 창문 사이로 솔솔바람을 타고 들어오는 국화 향기가 나를 아득한 옛날의 시간 여행을 시켜준다.

국민(초등)학교 4학년에 올라간 지 얼마 안 되는 봄날이었다. 당시에는 4월 1일이 새 학년의 시작이라 아마도 4월 중순이었을 것으로 기억된다. 강원도 양구군 남면 가오작리에 사는 우리 또래들은 몇 녀석들이 모여서 산과 들로 뛰어다니며 노는 것으로 소일하고 있었다. 1950년대 말의 궁핍한 시골 마을이라 공원이나 놀이기구 하나 없었고, 전기도 들어오지 않았던 시절이니 산과 들이 놀이터일 수밖에 없었다. 당시 학급 반장이던 나는 방과 후 아이들 대여섯 명을 이끌고 대장 노릇을 했다. 당시 뱀을 잡는 것이 가장 비중이 큰 놀이였다. 우리는 뱀은 사람을 물어 죽게 하고 약한 개구리를 잡아먹는 나쁜 동물로 씨를 말려야 한다는 생각을 가지고 있었다. 당시에는 뱀이 무척 많았고 우리는 뱀이 많이 서식하고 있을 곳을 찾아다녔다. 뱀이 눈에 띄면 내가 "사격"이라는 명령을 내리고 모두 돌을 들어 던져 뱀이 도망가지 못하도록 상처를 입힌 후, 다음 "돌격" 명령에 따라 몽둥이로 뱀을 작살을 내 완전히 죽인 후에는 땅을 파고 뱀을 묻어주고 그 위에 둘러서서 오줌을 싸주는 것으로 뱀의 장례식을 장엄하게 끝낸다. 이렇게 하루에도 몇 마리씩 뱀을 잡고는 해로운 동물을 죽인 것이 좋은 일을 한 것처럼 의기양양하여 소리를 고래고래 지르기도 했다.

이른 봄이 되어 겨울잠에서 막 깨어 나온 뱀들은 우리의 눈에 띄기만 하면 추운 겨울을 난 보람도 없이 돌과 몽둥이에 희생되어야만 했다. 그날도 우리 악동들이 전과 같이 뱀을 잡아 죽인 후에 나는 땅에 묻기 위해 명령을 내렸다. 땅을 파던 친구가 "대장, 땅속에 무엇이 있는 것 같다"라고 소리쳤다. 나는 조심하여 땅속에 묻힌 물체를 끄집어냈다. 그것은 군인들이 사용하는 휘발유 초롱(스피어깡)이었다. 다 발굴해 내니 초롱이 여섯 개였다. 문제는 그 속에 무엇이 들었는가였다. 살살 흔들어 보니 들어있는 내용물이 액체는 아닌 것 같고, 무엇인가 통 속에 가득 차 있는 것이 분명했다. 우리는 그 속에 무엇이 들어있을까, 무척이나 궁금했다. 값진 보물이 들어 있으면 우리 모두 똑같이 나누어 가져야 한다는 녀석도 있었고 어른들에게 알리자는 의견도 있었다. 그러나 궁금증을 참지 못해 대장인 나는 돌을 들어 스피어깡 뚜껑을 내리쳤다. 순진하고 겁 많은 동현이는 언덕 너머로 피하였고, 다른 녀석들은 모두 땅에 엎드렸다. 몇 번이고 돌로 내리쳐 드디어 뚜껑이 열리었다. 모두 "와!" 하면서 몰려왔다. 통 속에는 샛노란 빛깔을 한 콩이 가득 들어 있었다. 큰 보물을 기대했던 우리는 모두 실망하였다. 누가 알렸는지 갑자기 어른들이 몰려왔다. 어른들은 콩이 너무 오래 묵어 사람은 먹을 수 없고 동물 사료로 써야 하겠다고 가지고 갔다. 며칠 후 우리 모두에게 세 권의 노트가 배달되었다. 콩값이었다. 훗날 나는 곰곰이 생각해 보며 이렇게 추측해 보았다.

양구는 6·25 전쟁 때 치열한 격전지였다. 1950년 북한 김일성의 통치를 받았다. 양구는 9·28로 서울이 수복되고 북한군이 퇴각하여 다시 대한민국 땅이 되었다. 그러나 중공군의 개입으로 국군이 후퇴하게 되자 또 북한군에 점령되게 된다. 이때 피난을 가게 된 콩 주인은 가져갈 수 없는 콩을 스피어깡에 넣어 땅속에 묻었던 것이다. 피난 갔다 와서 식량으로 먹을 계획이었을 것이다. 그러나 1951~1953년 휴전될 때까지 양구는 피아간의 격전지였고 1953년 휴전이 되고 수복이 된 후에도 콩 주인은 돌아오지 못하였다. 1·4 후퇴 때 죽었거나 아니면 양구가 아닌 다른 곳에 정착하였기 때문에 고향에 돌아오지 못하였을 것이다.

땅속에 묻힌 콩은 이렇게 8년이라는 세월을 지나 국민학교 4학년 개구쟁이들에 의하여 햇빛을 보게 된 것이다. 그때 콩을 캐었던 친구 대부분은 고향을 떠났다. 공무원으로 농촌 지도소에 근무하다 명퇴를 한 하섭이가 유일하게 고향을 지킬 뿐, 완하는 자녀들

교육 때문에 춘천으로 이사를 해 수년 살다가 지금은 원주에 살고 있다. 교감 아들이며 공부를 잘했던 동현이는 어릴 때 순진해서 강아지가 왜 털이 누런색이냐고 묻길래 송아지가 되려고 한다니까 그럼 왜 뿔이 없느냐고 그러길래 조금 기다리면 뿔이 나온다고 하니까 강아지 옆에서 한 시간이나 기다릴 정도였다. 그는 서울대학교 입학시험에 낙방하여 방황하다, 강원대학교 생물학과를 졸업하고 교사가 되었는데, 남들이 다 하는 교장이나 교감 한 번 못하고 평생을 중학교 평교사로 봉직했다. 그는 퇴직 후 춘천에서 작은 텃밭을 가꾸며 살고 있으며 나와는 유일한 소식을 주고받는 친구이다.

나는 서울에서 45년 목회하고 지금은 은퇴해 하사랑교회 원로목사로, 아시아연합신학대학교 평생교육원 교수로, 시인·수필가로 등단해 글을 쓰며, 최근에는 그림 공부(동양화)에 도전하고 있다. 그 외 많은 친구, 어디에 살고 있는지 알 길이 없다.

이제는 모두 인생 팔십 고개를 코앞에 두고 있으니 아득한 그 시절 그때의 친구들이 가을이 오면 가끔 생각이 난다.

방한길 drkilb06755@hanmail.net
강원도 양구 출생. 2019년 《창조문예》 시로 등단. 2022년 《좋은문학 창작예술인협회》 수필로 등단. 시집 『나 이렇게 살아』. 창조문인협회 회원, 한국기독교문인협회 이사, 한국문인협회 회원. 서울하사랑교회 원로목사. 아신대학교(ACTS) 평생교육원 교회지도자과정 교수(신학박사).

한국 6·25전쟁 기념공원

김영애

미국 필라델피아는 기후가 참 아름답다. 특별히 9월이 되면 밤에 천둥이 치고 비가 많이 내려도 아침이 되면 언제 비가 내렸냐는 듯이 맑고 깨끗한 공기가 시원하다. 시원하게 바람을 한 모금 들이마시고 내뿜으면 내 몸속에 뭉쳐 있는 공기를 내보낼 때의 기쁨은 누구나 하는 호흡이겠지만 나를 새롭게 살아가게 하는 원동력이 된다.

며칠 전에 한국에서 미국을 다녀간 사람이 내게 한마디 했다. 자기가 주위를 돌다 보니 잠깐 있다 가는 숙소에서 멀지 않은 곳에 한국 6·25전쟁 기념공원이 있더라고 한다. 나는 너무나 깜짝 놀랐다. 내가 오래전에 워싱턴 DC에 있는 한국전쟁 기념공원을 가본 적이 있었지만, 코앞에 둔 이곳은 잊고 살았다.

나는 미국에 대하여 부끄럽고 송구한 마음으로 6·25전쟁 기념

공원을 방문했다. 공원은 아주 좋은 곳에 있었다. 델라웨어 강이 앞에 흐르고, 넓은 공간에 나무를 심고 군데군데 의자가 있어서 쉬었다가 갈 수 있었다. 한국이라는 이름도 모르는 나라의 자유를 위하여 연합군들이, 그 많은 나라들이 참여했다는 것은 우리나라를 하나님이 보호하신 것으로 믿는다.

공원에는 필라델피아와 인근 뉴저지와 델라웨어 주변에서 한국 6·25전쟁에 참여하여 전쟁터에서 죽은 장병들의 이름이 적혀 있다. 한국전쟁에 참여했던 연합군의 군인들은 대개 18세부터 어린 청년들이 참여했다.

맥아더 장군과 함께 인천 상륙 작전을 하여 9월 15일에 인천서부터 서울로 걸어가는 모습을 사진을 통해 보면서 모윤숙 씨의 시가 떠올랐다. 「국군은 죽어서 말한다」를 마음으로 읊조리면서, 그때 참전한 유엔군들을 생각했다. 이들은 이름도 모르는 한국 땅에 자유를 위하여 어린 나이에 목숨을 바쳤다. 맥아더 장군이 1950년부터 1953년 휴전할 때까지 매일 전쟁 상황을 3년간 기록한 전쟁 기록이 남아 있고 죽은 군인의 이름들은 돌에 적혀 있다. 이것을 보며 어떻게 한국이 미국을 잊을 수가 있을까 뒤돌아보게 된다.

우리 한국이 비참하게 가난하였을 때 여러모로 도와주었고, 연합군이 와서 우리를 도와준 나라들에 대한 고마운 생각을 잊었단 말인가? 우리 모두가 자녀를 기르는데, 자녀가 이름 모르는 땅에서 그들을 도우려고 목숨을 바친 부모의 마음을 생각하면 눈물이 저절로 나온다.

미군들이 인천에서 서울을 향하여 갈 때 우리는 피난을 갔다.

엄마는 아기를 업고 한 손으로 짐 보따리를 붙들고 다른 손으로는 따라서 걷는 어린아이 손을 놓칠세라 붙들고 남쪽으로 남쪽으로 피난 가던 생각을 모두 잊지 말아야겠다.

우리 선배들이 피 흘려 싸워서 만든 나라, 온 세계가 구원해 준 나라, 젊은 청년들이 목숨을 아끼지 않고 싸워준 나라, 우리는 온 세상에 빚을 진 나라요, 피 흘려 죽기까지 우리를 위해 목숨을 바친 그 사랑을 잊지 말아야겠지.

모윤숙 씨의 시가 다시금 가슴 깊은 곳에서 울려 퍼진다. 그들은 먼 이국땅에서 외롭게 죽으면서 외쳤으리라. "내게는 아버지 어머니 그리고 동생들도 있었노라." 내 조국이여, 우리도 사랑받았으니 사랑을 주는 백성이 되어야겠다.

김영애 kwongrace42@hanmail.net
2021년 《창조문예》 수필로 등단. 작품집 『수필과 그림 Essay and Painting』 외. 창조문인협회 회원, 이대동창문인회 회원.

2부

마음밭에 영그는 보석

오동나무는 천 년이 지나도 가락을 잃지 않는다

공학섭

우리 집 앞에는 오동나무 한 그루가 서 있다. 가까이 있으니 새순이 돋는 순간부터 꽃이 피고, 열매가 맺는 모습을 지켜보게 된다. 날마다 보니 어느새 친구처럼 가까워졌다.

옛 풍습에 따르면, 딸을 낳으면 오동나무 한 그루를 심었다고 한다. 시집갈 때 장롱을 짜기 위함이다. 흥미롭게도 오동나무는 삶의 시작만이 아니라 끝에도 쓰인다. 사람이 세상을 떠날 때 관을 짤 나무로도 흔히 사용되기 때문이다. 한 사람의 시작과 끝을 함께하는 오동나무를 바라보고 있으면, 인생이라는 신비한 여정을 엿보는 듯하다.

오동나무는 인생을 흥겹게 해주는 '음악의 나무'이기도 하다. 가야금이나 거문고 같은 전통 악기의 울림통은 대부분 오동나무로 만들어진다. 이 나무는 가볍고 뒤틀림이 없으며, 나이테가 고르고 공명이 최적화되어 있다. 그래서 "오동은 천 년이 지나도 가락을 잃지 않는다"라는 말이 생겨났다.

오동나무가 그러하다면, 사람은 어떠해야 할까? 창조주 하나님께서도 사람에게 울림통을 주셨다. 목소리로 노래하고, 영혼으로 찬양하도록 지으신 것이다. 오동나무가 천 년의 가락을 간직한다면, 인간은 이 땅에서뿐 아니라 영원까지 하나님께 영광을 돌리는 악기가 되어야 하리라.

오동나무가 천 년의 가락을 간직하듯, 사람도 잃지 말아야 할 울림이 있다. 하나님께서는 사람에게도 울림통을 주셨다. 목소리로 노래하게 하시고, 영혼으로 찬양하게 하셨다. 그러므로 인간은 이 땅에서뿐 아니라 영원까지, 하나님께 영광을 드리는 악기로 살아가야 한다.

이같이 오동나무는 살아서는 향기로, 죽어서는 소리로 자기 몫을 다한다. 꽃으로 계절을 물들이고, 나무로 악기를 울리며, 사람의 삶과 죽음을 함께한다. 그러니 오동은 단지 한철 피는 꽃나무가 아니라, 시간을 넘어 사는 나무다.

실제로 우리 곁에는 오동나무 같은 이들이 있다. 살아 있을 때 향기로운 삶을 살다가, 세상을 떠난 뒤에도 남은 이들에게 깊은 울림이 되는 사람 말이다. 교우들 가운데 주님의 향기를 그윽하게 풍기며 사시다가, 천국에 가신 이후에도 교우들과 목회자의 가슴에 오래도록 감동을 남기신 분들이 있다.

바울은 "지금도 전과 같이 온전히 담대하여 살든지 죽든지 내 몸에서 그리스도가 존귀하게 되려 하나니 이는 내게 사는 것이 그리스도니 죽는 것도 유익함이라"(빌 1:20-21)라고 고백했다. 신자의 삶이 어떠해야 하는지를 분명하게 제시한 말씀이다. 주님은 나를 그런 존재로 부르셨다. 이 땅에서 살아가는 동안 그리스도의 향기를 흘려보내고, 죽어서도 천 년의 울림을 남기는 인생이 되도록 오늘을 살아야겠다.

공학섭 gong5528@naver.com
1999년 《창조문예》 수필로 등단. 저서 『마음을 글로 담다』 외 9권. 광신대학교 졸업. 순천대대교회 담임목사.

오미자 찻잔에 보름달이

김장출

오늘도 우리는 정오에 수원역 구내에서 만나기로 했다. 아직 오전 10시가 채 되기 전이다. 그러나 나는 서둘러 집을 나섰다.

역구내에 당도하니 공휴일이라 그런지 엄청 붐빈 것 같다. 내가 너무 일찍 왔기에, 친구들이 오기까지는 한참 기다려야 할 것이다. '어디 불빛이 좋고 빈 의자가 있으면 좋겠는데……', 그럴 만한 공간은 눈에 띄지 않았다. 좀 처량하기도 하고 멋쩍게 생각됐다. '어쩐다. 시간은 아직도 많이 남아 있고……', 그래서 찻집에 들어가 기다리기로 했다.

구내 찻집에 들어가니 손님 한 사람 없이 텅 비어 있었다. 불빛도 밝고 마음에 들었다. 나이가 비슷하게 보이는 좀 통통한 여인

둘이 가게를 지키고 있는데, 다 같이 하얀 윗도리 셔츠에 검정 주방 앞치마를 걸치고, 검은 모자를 쓰고 있었다. 차림표를 보니 커피류나 국산 차 할 것 없이 가지런하게 써 붙여 놓았는데, 나는 커피류를 좋아하지 않기에 국산 차 중에 마음에 가는 것이 있나 더듬어 보았더니 그중에 오미자차가 눈길을 끌었다. 오미자차를 시켜 놓고 자리에 가 앉았다.

내가 앉아있는 편에 서 있던 여자가 지체할 시간도 없이 찻잔을 주방 가림막 탁자 위에 내놓고 채근했다. 차가 나왔으니 가지고 가라는 신호인 듯했다. 나는 금방 알아차리고 가서 작은 차 판을 들고 내 자리로 왔다. 가장자리가 미끈한 떡갈나무 잎 같은 타원형 작은 일인용 나무 차반에, 역시 은행잎 같은 모형으로 만든 나무 받침대에, 모란인가 장미인가 아름다운 꽃문양이 그려진, 배가 불룩한 자기 찻잔에 담긴 불그레한 오미자차를 나는 유쾌한 마음으로 감상이나 하듯 들여다봤다. 빛깔이 아주 훌륭했다. 저물어가는 저녁놀 빛이었다. 맛을 음미하면서 천천히 홀짝, 홀짝 한두 번 마셔 봤다. 맛이 달짝지근하면서 황홀했다. 난생처음 맛본 것 같은 맛이었다.

한 모금 더 마셨다. 마음이 쫙 가라앉았다. 마음속이 다사롭고 아늑해졌다. 여기저기 몸 구석구석에서 성가시게 하기도 하고, 뻐근하게 하기도 한 불측한 증상들이 깨끗하게 씻기는 것 같은 기분이 들었다. 가슴을 옥죄이고 얽매이게 했던 생활의 허튼 근심이나 부질없는 걱정 같은 것들이 말끔히 사라져 버린 것 같은 느낌도 들었다. 들뜨고 어수선한 몽상이 안개처럼 하늘로 날아간 것 같았다.

놓았던 찻잔을 다시 드니 홀연히 찻잔 속에 보름달이 떠올랐다. 작은 찻잔 속에 함지박 같은 크고 둥근 보름달이 가득히 담겨있었다. 행복감 같은 것이 온몸으로 가득 차올랐다.

행복이란 대단한 것이 아니다. 작고 하찮은 것이다. 행복이란 피땀을 흘려가며 찾고 구한다고 해서 얻어지는 것도 아니다. 느끼는 것이다. 아무리 넓고 좋은 집에서, 아무리 값비싼 비단옷을 걸치고, 아무리 좋고 맛있는 요리를 먹는다 하더라도 만족함을 느끼지 못하면 행복하지 못할 것이다. 아무리 초라한 초가집에서라도, 아무리 해지고 너저분한 옷을 입고, 아무리 거칠고 맛없는 꽁보리밥으로 끼니를 때운다 하더라도 만족함을 느끼게 되면 행복할 것이다.

손 전화 벨이 울렸다. 만나기로 약속한 친구가 온 모양이다. 나는 잠에서 깨어난 듯 정신을 가다듬었다.

김장출 dajeongsi@hanmail.net
2001년 《창조문예》 시로 등단. 시집 『마라나타』, 『나는 너에게 무엇이 될까』, 『팽이』, 『연작시 기도』. 단상집 『다정사茶鼎思』. 제17회 한국장로문학상. 제6회 창조문예문예상 수상.

소박한 정 소박한 행복

손정자

소박이라는 말이 예쁘다.

눈길을 끌 만큼 화려한 것도 아니고 못 견딜 만큼 진한 것도 아닌데 새록새록 스며들어 가슴을 적신다. 간 배지 않은 박나물처럼 덤덤하면서도 자꾸만 손이 가는 정감 있는 말이다.

오이 한 개 채 썰어서 양념하고 얼음 세 덩어리 동동 띄워 식탁에 올려놓고 한 입 떠먹으려니 오늘따라 코끝이 시큰하다.

"오이생채 해서 드셔요." 봉지에 넣어주던 순이의 모습이 냉채 그릇 안에서 시나브로 번지고 있다.

어제는 오랫동안 비가 계속하다가 갠 날이다.

바람 따라 모여든 장다리꽃 향처럼 소박한 초가을 같은 만남이었다.

된장잠자리의 한가로웠던 만남이다.

언제나 만날 날이 다가오면 조급을 떨다가 나서는 자리다.

기다려주는 뜰로 들어서니 맨 입구에서부터 주근깨 나리(참나리)가 주홍빛 인사를 한다. 작년 이맘때의 변하지 않은 언어로 여전히 호들갑이란 찾아볼 수가 없다.

파란 잔디 위의 비치파라솔, 빈 의자들도 똑같은 표현이다.

기다리고 내어준 자리에 여덟 사람의 살을 던지고 체온을 나눈다.

이제 다시는 사진은 안 찍으리라는 결심도 이 자리에서는 무너지고 만다.

순이네 텃밭 식구들이 인사를 한다.

그들의 인사는 모두 색깔이 있다. 알게 모르게 개성을 드러내는 인사다.

보기 좋은 것이 먹기도 좋다 한다, 허지만 그 말도 그리 신빙성 있는 말이 아닌가 보다.

순이네 밭 토마토는 너무 안 생겼다. 그런데 이 맛은 어디에 간직하고 있었는지 모르겠다.

오이도 가지도 마찬가지다. 시중에 나는 훤칠하게 잘생긴 과일이나 채소들 부러워할 게 못 된다 싶다. 맛으로는 따라올 경쟁자가 없는 것 같다.

좀 못생겼어도 가까이하면 할수록 맛이 새록새록 우러나는 사람이면 좋겠다.

열무김치가 맛있다.

얼큰 짭짤하면서도 담백한 맛이 어디서도 만날 수 없는 순이 표 열무김치다.

김치를 맛있게 담글 수 있는 손이면 다른 것도 물론 기대할 만하다.

둘러보니 말끔히 닦아놓은 청마루며 대나무 자리, 건넌방 벽으로 걸려있는 하얀색 모기장이 익숙하다. 적당히 낡아 고풍스러운 멋을 풍기는 것이 우리와 잘 어울린다.

이것이 우리 속에 들어 있는 풍요다.

살아오면서 이런저런 꿈을 꾸었던 때가 간지럽다. 하지만 어느 때부터인가 함께하는 자리, 함께 웃고 울어주는 자리, 특별하지 않아도 정을 나눌 수 있는 자리가 더 소중하다. 나이나 학연이나 동향 같은 문턱을 허물어버리고 서로 눈빛을 보며 촉촉이 젖는 정의 자리가 더 좋다. 하시何時라도 찾아오는 피곤한 사람들과 허접한 이야기라도 즐겁게 나누고 허물없이 가려운 등허리도 내보이고 긁어주는 정 있는 자리였으면 좋겠다.

오늘은 오랜만에 오 선교사님 사모님이 같이했다. 교회 친구로 오랫동안 같이 섬겼는데 갑자기 아르헨티나에 이민 갔었다. 현지에서 부름을 받고 사역을 하고 있다. 몸이 좋지 않아 국내에서 치료받고 다시 갈 거라 한다. 그곳의 형편이나 사역을 들으면서 가슴이 뭉클했다. 그동안 고생한 흔적들이 여기저기에서 보인다. 열심히 사는 것, 부름에 선 듯 일어서는 것, 감히 소태를 씹는 쓰디쓴 맛을 느끼고 있다. 너무나 안일하게 살아가는 것이 새삼 부끄럽다.

꽁보리밥과 강된장의 궁합처럼 구수하고 소박한 맛으로 살고 싶다.

손정자 lillyson@hanmail.net
2003년 《창조문예》 수필로 등단. 수필집 『조각이불』. 한국문인협회 회원. 수필이야기 동인 외.

석송령石松靈

윤종호

장맛비가 잠시 멎은 후 하늘이 청명하다. 밝은 시야 속으로 들어온 석송령은 양팔을 활짝 벌리고 멀리서 찾아온 우리를 반겨 주었다.

우람한 노송老松을 처음 보는 순간, 그 청청한 자태에 감탄하지 않을 수 없었다.

나이가 믿어지지 않을 정도로 잎이 푸르고, 붉은빛을 띤 몸통에서 뻗어 나간 가지마다 활력이 넘친다. 세심한 보호와 관리가 있었다 하더라도 어찌 이토록 싱싱한 자태를 유지할 수 있을까.

석송령은 천연기념물 294호로 지정된 소나무 이름이다. 경북 예천군 감천면에 있는 이 나무를 찾게 된 연유는 장로회 모임으로 하회마을과 병산서원에 가면서였다.

지금까지 나는 이런 나무가 있었는지 몰랐고, 이름조차 들은 적이 없었다.

나무는 옆으로 줄기가 뻗어 나간 반송盤松으로, 좌우 길이가 30m나 되고 높이가 10m, 수령이 600년이다.

관광안내판에는 600년 전에 풍기 지방에 큰 홍수가 났는데, 이때 석관천石串川으로 떠내려온 소나무 한 그루를 지나가던 과객이 건져 이곳에 심었다고 했다.

그 후 1930년경 이 마을에 살았던 이수목李秀睦의 부친은 소식이 끊어져 생사를 알 수 없었던 아들을 생각하면서 이 소나무를 자식처럼 아끼다가 돌아가셨다고 한다.

노인은 죽기 전에 그가 소유하고 있던 농지 6,600㎡를 석송령의 이름으로 등기를 했다. 그래서 나무 이름으로 사유재산을 가진 이 나무를 '부자 나무'로 부르기도 한다. 상속된 토지는 세를 주고, 이 수익금으로 어려운 아이들의 학비를 지원해 주고 있다고 한다.

나무의 이름이 붙여진 사연은 이러하다. 일제강점기에 한 일본인이 이 나무를 베기 위해 자전거에 톱과 도끼를 싣고 오다가 넘어지면서 죽었다. 이후로 나무에 영험이 있다는 뜻으로 '석송령'이란 이름을 붙였다. 비바람을 맞으며 오랜 세월을 살아오는 동안 굵어진 나무줄기에는 용이 비상하는 모습도 있고 여인의 젖가슴 모양도 있다.

이 지방 가까운 곳에서 자라는 유명한 소나무로 '춘양목春陽木'이 있다.

경북 봉화군 '춘양면' 일대에서 자란다고 해서 붙어진 이름이다. 이곳은 태백산의 남쪽 능선으로 경북에서 가장 오지로 꼽히는 첩첩산중이다. 춘양목은 높은 산악 지대에서 자라 속이 붉고 단단한 데다 껍질이 얇아 예로부터 왕실 건물이나 목관으로 사용되었던 매우 귀중한 나무로 알려져 있다. 춘양목에 비하면 석송령은 목재로서의 가치는 없다. 분재처럼 휘어진 가지에 유연한 곡선의 아름다움이 있을 뿐이다. 신령한 나무로 알려져 있기도 했지만 이런 모습 때문에 탐욕스러운 인간들에 의해 잘리지 않고 오랜 세월의 풍상을 이겨내었는지 모른다.

석송령은 영험이 있는 나무라 했다. 몇 발짝 물러서서 나무를 바라보면 무릎을 꿇고 양팔을 벌려 기도하는 형상이다. 성경에서 연상되는 장면이 있다. 출애굽 한 이스라엘 백성이 르비딤 골짜기에서 아말렉 족속을 만나 싸웠다. 이때 산 위에서 기도하던 모세가 손을 들면 여호수아가 이기고, 손을 내리면 아말렉이 이김으로 아론과 훌이 종일토록 모세의 팔을 받쳤다. 지금 석송령의 긴 팔은 잘 다듬어진 대리석 기둥이 받치고 있다.

이 나무는 나보다 열 곱절을 더 살았다. 지금의 정정한 모습을 보면 천 년도 더 살 것 같다. 대자연 앞에서 인간은 얼마나 작은 미물인가. 만물의 영장이라는 인간이 오히려 자연에게서 배워야 할 교훈이 많다. 지혜롭다는 인간이 가장 어리석다는 생각을 할 때가 있다.

시방 나는 노송 앞으로 다가서서 선문답禪問答을 주고받는다.

“600년의 세월을 살면서 화를 당하지 않고 살아온 비결이 무엇입니까?”

노송은 화답한다.

“환경에 적응하고, 자연의 순리대로 살아왔을 뿐일세.”

“그렇다면 지금 나는 순리대로 살고 있습니까?”

내가 반문하자, 노송은 이렇게 답했다.

“인간들의 욕망은 끝이 없다. 이루지 못한 것들에 대한 미련을 남기지 마라.”

나에게 아직 내려놓지 못한 미련과 욕심은 무엇일까?

권세는 애초부터 없었고, 명예도 젊은 날에 잠시 찾다가 부질없음을 깨닫고 내려놓았다. 그런데 재물에서도 내가 자유롭다고 말할 수 있을까?

성경에서 하나님이 재물 얻을 능을 주신다고 했다. 그래서 저마다 재물을 담는 그릇의 크기가 다르다. 자기 욕심으로 재물을 채우면 그 재물이 오히려 재앙이 되는 것을 얼마나 많이 보고 살아왔는가. 명예와 권세, 재물은 사람들이 추구하는 절대적인 가치가 되었다. 그러나 이것들이 바르게 사용되지 않으면 민초들이 화를 입게 되는 것이 역사가 주는 교훈이다.

“소는 물을 먹고 우유를 만들지만(牛飮水生乳), 뱀은 물을 먹고 독을 만든다(蛇飮水生毒).” 불교 경전에 나오는 말이다.

모든 종교는 집착과 미련을 버리라고 한다. 석가모니는 반야심경 260자 중에서 '없을 무無' 자를 스물한 번이나 인용했고, 불가에서 추앙받는 효봉 스님도 '없을 무無', 이 한 자를 남기고 열반했다고 한다.

인류 역사상 가장 부귀영화를 누렸던 지혜의 상징인 솔로몬 왕은 성경 「전도서」 마지막 장에서 이렇게 인생을 정의했다.

"헛되고 헛되도다, 모든 것이 헛되도다. 하나님을 경외하고 그 명령을 지키는 것이 사람의 본분"이라 했다.

어디선가 한 줄기 바람이 스친다.

석송령은 떠나는 우리들의 뒷모습을 말없이 지켜보다가 잘 가라는 손짓으로 작은 솔잎 가지를 흔들어 주었다.

윤종호 yoonjh45@hanmail.net
2002년 《창조문예》 수필 등단. 수필집 『나그네 길, 나누고 싶은 이야기』, 『그래도 못다 한 이야기』. KAL 항공사와 THAI 항공사 근무. ㈜진성항공여행사 대표이사.

나의 진정한 치유자

이현주

나는 날마다 성경을 읽고 말씀 묵상하면서 머릿속으로 상상한다. 낮이나 밤이나 혼자 조용히 누워 있을 때, 그날 읽은 성경 한 장면 속으로 내가 들어가 보는 것이다. 그중에서도 내가 주님과 정말 인격적인 만남을 갖게 되고 내 인생에 굵은 밑줄을 긋게 한 말씀 묵상이 있었다. 그 말씀은 바로 마가복음 1장 40-42절에 나오는 매우 간단한 이야기다. 거기에 보면 나병 환자가 예수님 앞에 나아와 꿇어 엎드려서 이렇게 간구한다. “원하시면 저를 깨끗게 하실 수 있나이다.” 예전 같으면 아무 생각 없이 무심코 지나쳤을 텐데, 이상하게도 그날따라 그 나병 환자의 말이 계속 머릿속에서 맴돌고 의문스러웠다.

가만히 생각해 보니 그 나병 환자에겐 확신하는 부분이 있었고, 확신하지 못하는 부분이 있었던 것이다. 온갖 각색 질병을 고치

시는 예수님 앞에 나아가기만 하면 자신의 나병도 분명히 치유받을 수 있음을 확신하고 있었다. 그러나 사람들의 조롱과 돌팔매질을 뚫고 나왔지만, 막상 예수님 앞에 나오고 보니 자신처럼 비천하고 저주받은 자도 과연 예수님이 관심을 갖고 고쳐주실까 확신하지 못하고 있었던 것이다.

예수님은 나병 환자를 불쌍히 여기시고 손을 내밀어 그에게 대시며 "내가 원하노니 깨끗함을 받으라"고 하셨다. 예수님은 나병 환자의 겉으로 드러난 육체의 병보다 그 병 때문에 그동안 받았을 마음에 상처와 절망과 소외감을 먼저 보셨던 것이다. 그래서 지금 예수님 앞에 나왔음에도, 스스로 자기 처지를 비관해서 '나 같은 자도 예수님이 고쳐주실까?'라고 확신하지 못할 수밖에 없는 웅크린 그의 모습을 더욱 불쌍하고 안타깝게 바라보신 것이다. 그래서 예수님은 한없는 자비와 긍휼로써 나병 환자가 그토록 듣고 싶어하던 "내가 원하노니 깨끗함을 받으라"는 말씀 하시면서 손을 내밀어 그의 몸을 만지셨다.

그 순간 나병 환자는 어떠했을까? 이제까지 한 번도 느끼지 못하고 상상할 수 없었던 놀랍고 뜨거운 사랑의 전율이 온몸뿐 아니라 그의 영혼 가득히 흐르고 있었을 것이다. 생각해 보라. 그 당시 유대인 사회 속에서 나병 환자는 그야말로 저주받은 운명, 끝장난 인생으로 취급받았다. 심지어 함께 식탁에서 밥을 먹는 것조차 금기시했다. 더구나 나병 환자의 몸에 손을 댄다는 것은 율법에 어긋나고 부정한 행동으로 규정하고 있었다.

그러나 예수님은 그런 것엔 상관하지 않으시고 치유의 손길로 나병 환자를 만지셨다. 나병을 얻고 난 후, 오랜 세월 동안 그 나병 환자를 그 누가 만졌겠는가. 아마도 그 나병 환자 몸은 여기저기 상처로 인해 피고름이 흐르고 살점이 떨어져 나가 만신창이가 되어서 감각을 전혀 느끼지 못하는 상태였는지 모른다. 하지만 그렇게 만신창이가 된 그의 몸을 예수님이 한없는 자비와 긍휼함이 담긴 진정한 치유자의 손길로 그를 만지셨을 때, 그는 정말 뜨거운 감격으로 전능하신 주님의 사랑의 손길을 느꼈고 받아들였을 것이다. '아, 이분은 정말 율법을 뛰어넘는 사랑으로 나를 사랑하시는구나!' 라고……. 그때 비로소 회복의 능력이 그 나병 환자의 몸에 고스란히 전해져 만신창이는 사라지고 깨끗함을 입어 새롭게 거듭날 수 있었던 것이다. 완전한 하나님의 사랑과 치유의 능력을 오롯이 경험한 것이다.

그런데 그날 묵상이 단순히 나병 환자를 향한 예수님의 놀라운 사랑과 치유의 능력을 깨닫게 한 것만은 아니었다. 예수님은 나병 환자를 바라보셨던 그 안타까운 눈길로 나를 바라보고 계셨다. 나를 바라보시면서 예수님이 이렇게 말씀하고 계셨다. "아직 네 안에도 너를 향한 나의 사랑을 확신하지 못하는 나병 환자처럼 잔뜩 웅크린 자아 상이 있지 않느냐?" 예수님의 그 눈빛과 음성을 느끼면서 나 자신을 들여다보았다. 정말 그랬다. 내 안에 아직 하나님의 나를 향한 신실하신 사랑을 확신하지도 완전하게 받아들이지도 못한 채, 나병 환자와 같은 스스로의 처지를 비관하며 절망하는 어둡고 상처투성이인 자아 상이 있음을 발견했다.

그 순간 내가 그럴 수밖에 없었던 아픈 기억들이 머릿속에 떠오르기 시작했다. 어렸을 때부터 지금까지 뇌성마비 장애를 안고 살아오면서 내가 받았던 절망과 외로움, 거절감의 상처로 인해 항상 주눅 들고 고통 속에 시달렸다. 나는 항상 내 인생이 참 억울하고 불행하다고 느껴왔다.

나를 예수님이 안타깝게 바라보시면서 그 나병 환자를 고쳐주셨던 손으로 만지셨다. 그러시면서 나에게 말씀하셨다. "현주야! 내가 너를 사랑한다. 넌 왜 모르느냐? 이 세상에 너만 홀로 버려졌다 해도 나는 망설이지 않고 하늘 보좌를 버리고 널 위해 세상에 내려와서 기쁘게 십자가에 달려 죽었을 것이다." 나를 향한 그 주님의 친밀한 음성을 들으면서 나의 진정한 치유자의 만지심을 온전히 받아들였다. 그 순간 그동안 머리로만 믿어왔던 나를 위한 하나님의 십자가 사랑이 가슴을 치며 와닿았고, 가슴에서 우러난 뜨거운 눈물을 쏟아내면서 나는 회개했다. 윤리 도덕적인 죄가 아닌 내가 하나님의 품에 안겨있으면서도 하나님을 알지 못하고 그분의 완전하신 사랑을 누리지 못했던 죄를…….

그러자 어느새 나에게도 주님의 놀라운 회복의 능력이 일어났다. 어둡고 깨어진 상처로 인해 늘 슬프고 아파하기만 했던 초라한 모습에서 내가 하나님의 완전한 사랑을 받는 보석처럼 귀하고 아름다운 존재로 변화된 것이다. 그렇게 저주받고 불행하다고 여겨왔던 내 인생 뒤에는 언제나 하나님의 탁월하신 섭리가 있었음을 깨달았다.

그날 이후로 성경 속에서 나병 환자뿐 아니라 나를 치유하셨던 그 주님의 나를 향한 친밀한 시선과 음성이 항상 나와 함께하신

다. 내가 성경 말씀을 묵상할 때마다 함께하심은 물론이고, 내게 주어진 모든 환경들을 나를 향한 주님의 십자가 사랑으로 바라보고 이해하게 되었다. 앞으로 나를 치유하시고 회복시키신 하나님의 완전하신 사랑 안에 거하고 그 사랑을 외치면서 주님의 영광을 위해 기쁘게 살아가리라.

이현주 jandhj@naver.com
1977년생. 2007년 《창조문예》 수필 부문 등단. 국제PEN클럽 신인상. 교과서 관련 수필공모 장려상. 국토해양부 바다이야기 공모 대상. 인터넷 희망방송국 수기 공모 대상. 샘터문학상 특별상. 시흥문학상 우수상. 동서문학상 입선. 대한민국장애인문학상 가작. 청향문학상 수필 부문 우수상.

종이꽃[부겐빌레아]과 얽힌 사연

김종기

아파트 17층 베란다 밖에서 유리창 겉면을 청소한다. 긴 밧줄 한 가닥에 매달려 하는 고공의 아찔한 봄맞이 청소 작업이다. 나는 거실에서 한눈을 팔다가 우연히 눈에 띈 현장에 깜짝 놀랐다. 그 순간 청소하는 작업자의 양다리 사이에 피어 있는 종이꽃 송이들 발견, 각양각색의 제라늄 틈새서 내 눈에 들어온 상큼한 종이꽃들, 내가 오랫동안 잊은 채 무심했다. 겨우내 앙상하게 긴 가지들만 얼기설기 엉켜 있어 죽어가나 싶었는데, 불현듯 잎이 나고 어느새 꽃이 핀 것일까. 근년에는 잎도 꽃도 제대로 피지 않았었다. 좀 해괴하다 싶은 정도로 마치 연출된 것처럼 나타난 우연찮은 광경!

여하튼 20년이 넘게 우리 집 베란다에서 갇혀 산 종이꽃나무, 꽤 깔끔했던 화분도 낡아 허름해졌다. 분갈이해 준 일이 없다. 아예 돌보고 정성스레 가꾼 기억이 없을 만큼 팽개쳐 둔 셈이다. 나의 무심 무정을 탓하지 않고 저리 초록 잎들과 분홍 종이꽃을 피우다니? 난 몹시 고마우면서도 오히려 부끄러웠다, 또 미안했다. 물청소가 끝난 뒤 가까이 가서 보니 생태 환경은 노상 그대로인데 어찌 저리도 활력을 되찾았을까?! 모를 일이었다. 색색 제라늄에 굴하지 않고 당당한 종이꽃들을 보며, 그 원인을 곰곰 생각해 보았다. 마침내 기억해 냈다. 지난해 겨울철에 내가 베란다의 모든 분盆에다 “국내 유일 최첨단 고등식물용 영양 비료 α비타그린” 한 움큼씩을 넣어주었고, 올해 봄맞이 무렵에도 또 그리했던 사실을 되살려낸 것이다. 그 이외에는 따로 번성할 까닭이 없다. 만일 그 일 때문이라면 별 뜻 없던 나의 행위, 자양[비료] 보급으로 인해 일어난 신기하고도 놀라운 아니 고마운 소생甦生이다.

40여 년 전에 고양시 일산 호수꽃박람회에 갔다가 그 꽃 잔치 자리에 전시된 온갖 꽃들 속에서 분홍 꽃이 활짝 펴 화분을 짓누르듯 덮고 있는 걸 발견했다. 구매욕이 솟았다. 내가 꽃 이름을 물으니 판매 담당자가 “종이꽃이에요. 이쁘죠! 사 가세요. 여름철 내내 펴요!” 말씨가 맑고 꽃다웠다. 그미[그녀]의 권면을 받고 내가 먼저 사자고 제안하자 아내도 동의해 가져왔다. 종이꽃의 본래는 부겐빌레아(Bougainvillea Glabra)다. 분꽃과의 쌍떡잎식물, 원산지는 남아메리카, 분홍 종이를 접지한 것처럼 세 쪽 헛잎(꽃덮개, 꽃뚜껑)을 꽃으로 오인하게 생겼다. 헛잎은 이파리의 변형으로 꽃을 보호하는 구실을 한다. 그 속에 싸안긴 검붉은 자주 꽃대 셋, 그 맨 위에 달린 듯한, 아주 조그맣고 앙증맞은 노란 동그라미들이 진짜 꽃이다. 그래서 이판화離瓣花(갈래꽃)다. 사람들은 꽃받침같이 생긴 헛잎(꽃덮개)의

외양을 꽃송이로 여기는 어리석음을 범하게 된다. 그러니 벌 나비나 다른 동식물의 눈길을 끌기에 안성맞춤이다. 이같이 돋보이게 활짝 열린 헛잎을 꽃으로 착각하고 마침내 종이꽃이라는 속명俗名으로 불리게 된 것이다. 나는 이제까지처럼 언제까지나 불리기 쉽고 확연한 느낌을 주는 종이꽃으로 부르고 싶다. 오인과 오류를 그대로 고착화하는 내 고집스러움을 나무라면서도 말이다.

사 온 뒤 대치동 개인 주택에서는 화단 기슭에 두고 봄여름 동안 즐겁게 감상했고, 겨울이면 거실에 옮겨 겨울나기 시킨 뒤 새봄에 옮겼던 작은 노고! 분당으로 이사 오자 베란다에 방치해 두었다가, 몇 송이씩 피다 마는 저 종이꽃에 관심을 보내지 않고 살았던 어리석음! 그런데 코로나19가 극성을 부리는 2020년 봄철에 왕성히 피어나 내게 큰 감동을 주다니!! "아, 저 꽃이 저리 예뻤던가!?" 감격한 나머지 어린애처럼 꽃송이 수를 헤아려 보았다. 30여 송이에서 40여 송이로, 그리고 더 많이 필 것이라는 기대감에 우연 같지 않은 생활 속 자그마한 기적이란 생각에 미치자, 그 뒤부터 자주자주 눈 맞추며 즐겼다. 그러다가 사회적 거리 두기를 실천하노라 먼 출타도 벗들과 만남도 삼가고, 하루 오전 오후 한 번씩 우리 아파트 앞 상하천上下川을 걷는다. 챙 있는 모자, 감회색이 도는 안경, 하얀 마스크(때론 검은, 때론 얼룩무늬 수제 마스크)를 쓰고 목장갑을 주머니에 넣고, 핸드폰 이어폰, 생수와 청 오이 한 개 그리고 콜라겐 한 봉지……. 열거하다 보니 중무장하고 전쟁터에 나가는 병사 같아 스스로 무참하다.

하루에 만보萬步를 걷기로 다짐했기에 실천한다. 종이꽃이 준

기쁨을 속내에 담아 흥얼거리며 천천히 두 시간여를 걷는다. 또 멀거니 산책하지 않고 용인 구갈레스피아 공원에서 산책 코스를 두 바퀴쯤 돌며 꽃, 나무, 풀, 새, 나비 그리고 도랑물과 연못의 물고기를 감상한다. 그러자니 코로나19를 잊고 자연이 주는 영감을 받는 셈이다. 떠오른 대로 시구를 메모하고 집에 돌아와 편 편의 시를 쓴다. 그중 여기 한 편 올려 예증例證으로 삼는다.

「각각 오지다」

내 화단인 베란다에서 꽃들이 / 봄을 찬미하는 양을 자주 관람하며 / 코로나19의 무료無聊를 달래는 중이다. // 쉬엄쉬엄 피는 부겐빌레아와 / 미리미리 화들짝 열린 제라늄들이 / 아름다움을 다투듯 시샘하는 예쁜 꽃 난장판. // 바깥 곳곳에도 기화요초琪花瑤草지만 / 여기만큼 곱고 향긋이 찬란할 수 있으랴. / 그동안 내 기대치가 도무지 낮아 분갈이 / 비료나 거름주기 잡초 뽑기에 인색했다. // 시도 때도 없이 내키는 대로 물을 줄 뿐 / 정성스레 돌보고 분무기로 물방울을 뿌려 / 깨끗이 씻기고 싱그럽게 돋우지도 않다가 / 이제야 눈길 자주자주 즐기는 몰염치 // 꽃들이 주는 각각의 탄사歎辭 땜에 내 정감이 오지다. //

김종기 khyangsan@hanmail.net
순천 출생. 1997년 《문예사조》로 시 등단, 1998년 《현대시조》로 시조 등단, 2007년 《창조문예》로 수필 등단. 시집 『시간과 함께 머문 자리』 외 11권. 아름다운문학상, 영랑문학상, 현대시 좋은작품상 수상. 한국문인협회 회원, 국제PEN클럽 한국본부 회원.

여자의 마음

김장식

나는 아내와 결혼한 지 40년이 넘은 착한 남편이다.

스스로 착하다고 하는 것은 쑥스럽지만, 내 주변을 돌아보고 혼자 내린 평가다. 가끔 아내와 말다툼할 때 "나만큼 착한 남편 있으면 나와 보라 그래!"라는 말에 아내는 "당신보다 잘하는 남자들이 얼마나 많은데, 착각은 자유"라고 한다.

나는 결혼 이후 한 번도 아내에게 물리력을 행사하거나 흔히 말하는 바람을 피워 아내의 마음을 아프게 한 적이 없다. 또 매달 꼬박꼬박 생활비를 갖다주었으며 아내 보고 친정에서 돈을 빌려오라고 한 적도 없다. 지금은 돌아가신 어머니가 남자가 부엌 근처에 얼씬거리면 신체 중요 부위가 떨어진다는 무서운 경고를 하셨음에도 불구하고, 나는 요리는 물론 설거지도 가끔 하는 불효를 범하고 있다.

나는 아내에게 잘한다고 생각하는데, 아내는 내가 여자의 마음을 몰라도 한참 모른다고 불평한다. 처음에는 이해가 잘 안 됐지만 곰곰이 생각해 보니 그럴 만한 이유가 있었다.

어머니는 아들만 둘을 낳아서 내가 아는 여자라고는 어머니와 이모 외에는 없었다. 학교도 남자 학교에 다녔고 직장도 여자 만나기가 하늘의 별 따기만큼 어려운 곳에서 근무하다 퇴직했다.

결혼 후 아내가 아들 둘을 낳아 딸 키우는 아버지의 마음을 알 수 없었는데, 다행히 아들이 결혼해서 손녀를 낳아 삼대 만에 여자아이가 태어났다. 그런데 눈에 넣어도 아프지 않을 손녀와 친해지기도 쉽지 않다. 손녀와 놀아주다 손녀의 투정에 난감해하는 나를 보며, 아내는 여자아이는 그렇게 다루는 게 아니라며 씩 웃는다.

세상의 절반은 여자인데 그런 여자의 심리를 모르는 나는 사회생활의 실패자인가? 그러면 여자들은 남자의 마음을 잘 알고 있을까? 아파도 안 아픈 척, 힘들어도 괜찮은 척, 속으로 웃고 우는 사내의 마음을 여자들은 아는가?

아내가 기분이 좋아질 때면,

“당신은 다 괜찮은데 딱 한 가지, 여자의 마음을 모르는 것이 문제”라고 한다.

좋다는 뜻인가, 안 좋다는 뜻인가? 답답한 마음에 AI에게 ‘여자의 마음을 아는 법’을 알려달라고 했더니 ‘남자는 죽어도 모르는 것이 여자의 마음’이라고 한다.

창밖에 어스름이 깔리는가 싶더니 아내에게서 카톡이 왔다. 열어보니,

'친구를 만나 저녁을 먹고 들어오겠다'고 한다.

나는 즉시 답을 보냈다.

'네~'.

김장식 kjs308711@naver.com

2013년 《창조문예》 시 부문 신인상으로 등단. 시집 『일기예보』. 숲해설가, 문화유산해설사.

북경 호텔에서의 해프닝

정재규

1990년에 북경에서 아시안게임이 열렸을 때이다. 복음 전도를 위해 단기선교팀을 만들어 중국에 가기로 하고 회원을 모집하게 되었다. 90명씩 세 개 팀을 만들어 출발하였다. 그 당시 중국 하면 흔히 중공으로 불릴 때이다. 중국 공산당의 약자이다.

비행기 안에서 철의 장막 같았던 나라는 어떻게 생겼나 궁금하여 창문으로 유심히 내다보던 생각이 난다. 호텔을 예약했기에 바로 여장을 풀게 된다. 한 시간밖에 걸리지 않는 나라인데 이토록 오래도록 기다렸다 오게 되니 참으로 이데올로기는 무섭구나 하는 생각을 하게 된다. 그것도 스포츠라는 명분 때문에 방문의 길이 열리게 되었고 장막의 문이 열리게 된 것이다. 그때를 맞추어 공산국가들이 무너지게 되고 시장 경제가 살아나게 된다.

거기서 주일을 맞이하게 되자 필자의 대변인이라는 직함 때문인지 극동방송 기자였던 한기봉 기자가 한국 선수촌에 가서 선수들을 위해 말씀을 전해 달라는 것이다. 대회장이신 김창인 목사님을 비롯해 귀하신 분들이 많이 계시는데 직함 때문에 차출된 것 같다.

현장에 가 보니 실내 가득히 선수들이 앉아 있고 맨 뒤에는 북경시에서 파송한 직원 두 명이 서 있었다. 목사가 공산당에 대하여 좋지 않은 말을 할까 봐 감시차 보낸 것으로 생각되었다. 그러나 하나님 말씀밖에 무슨 말씀을 더 하겠는가? 그들에게 용기를 불어넣어 주고 나오는데 선수들이 통로에 앉아 안수기도 해 달라고 해서 일일이 손을 얹어 기도해 주고 나오게 된다. 한 기자가 자기는 볼일이 있다며 택시를 불러 태워 준다. 호텔까지 모셔드리라는 것이었다. 그런데 이게 웬일인가. 우리가 묵고 있는 호텔이 아니라 알지 못하는 호텔로 온 것이다. 기사가 오해한 것이다. 그러나 어찌하겠는가. 호텔로 들어가서 카운터의 직원에게 한국에서 온 여행객들이 묵고 있는 호텔이 어디인가 알아달라고 해도 알아듣지 못한다. 카투사로 미군들과 생활해서 그런대로 영어는 통할 줄 알았는데 캄캄절벽이다. 학교에서 한문도 좀 배워 알고 있으니 소통하기로 했다. 그날은 3진 가운데 마지막 3진이 공항에 들어오는 날이기에 거기에 가서 그들과 함께 들어가면 되리라 생각하고 이들을 만나기 위해 묵힌 실력을 발휘해서 한문으로 비행장을 쓰고 택시를 불러 달라 하는데도 통하지 않는다. 그 젊은 안내원은 생략하여 쓰는 글자만 배운 세대라 정성 들여 쓴 글자를 읽지 못했던 것이다. 한문 글자가 변한 것도 몰랐으니 누구를 탓하겠는가. 나중에야 이 사실을 알게 된 것을…….

결국 필자의 단 하나 남은 장기를 발휘하게 된다. 그것은 그림이었다. 비행기를 하나 그려 놓고 택시를 불러 달라고 했더니 하나님의 도우심으로 통하게 되었고 비행장에서 내린 일행들을 만나 무사히 호텔에 들어가게 된다. 중국이 개방된 지 얼마 되지 않아서 국제 행사를 치르게 되었기에 외국어를 모르는 안내원들을 호텔 카운터에 앉혀 놓음으로 문제가 많았던 것이다. 한순간에 국제 미아가 되어 쩔쩔맨 것을 생각하면 지금도 웃음이 나올 일이지만 그 후에 극동방송국 사장이 된 한기붕 장로님을 만나면 그 사건이 먼저 떠오르며 웃음 짓게 만드는 해프닝 기억이다.

정재규 cjk923@naver.com
한국문인선교회 회장. 한기총문화예술위원장. 창조문인협회 회원. 한기문예총 담임목사. 상록수문학회 회장. 한국미술협회 학술평론분과 이사. 미술평론가. 사랑의헌혈운동본부 이사장. 서울미술협회 서양화분과 이사. 대석교회 원로목사.

물을 상선약수上善若水라 했던가

권은영

요즈음 우리 모두가 자주 손을 씻고, 전에 없이 세심하게 씻는데 정성을 들인다. 이는 몇 년 전에 지금까지 겪어 본 적 없던 질병으로 많은 사람들이 심한 고생을 한 이후로 더욱 그러하다. 청소도, 세탁도 더 자주 하게 되고, 여러 용도로 물을 자주 쓰면서 물에 대하여 새삼 고마운 생각을 하게 된다.

물은 산의 품에서 시작한 가늘고 투명한 줄기가 모여 시냇물로 흘러 이리저리 부딪히며, 굽이굽이 돌고 돌아 흘러가면서 주변의 들풀들에게 물을 주어 생명을 키운다. 더욱이나 물은 연하고 여리디여린 것이 어떻게 그렇게 큰일을 하는 것인지……. 온갖 것을 마다하지 않고 씻고, 먹이고, 키우지 않는가. 항상 낮은 데로 구석구석 찾아 십 리 길, 백 리 길을 흐르다가 장애물이 있으면 돌아가고, 둥근 곳이면 둥글게, 네모난 곳이면 네모나게 맞추며 간다.

이렇게도 저렇게도 맞추면서 대지를 품고 먹이고 키운다. 풀도 먹이고 나무도, 온갖 곡식들도 다 먹인다. 그뿐인가. 큰 동물, 작은 동물, 코끼리, 사슴, 개미까지도 다 먹이고 기른다. 더욱이 우리도 하루라도 물이 없으면 생존할 수가 없다. 이렇게 귀중한 물이지만, 물은 모양을 고집하지도 않고 그릇에 담으면 그릇을 따르고 바람이 불면 바람 따라 물결로 일렁이고, 세상의 가장 구석진 자리에서도 생명을 일으킨다.

이렇듯 물은 상생相生의 덕德을 지녔다. 그래서 중국 초나라에서 태어난 철학자 노자老子는 상선약수上善若水라 하지 않았던가. 최상의 선은 물과 같다고. 즉 만물을 이롭게 하면서도 다투지 아니하고, 이 세상에서 으뜸가는 선의 표본이 된다는 것이다. 이 말은 곧 존재의 태도를 일깨우는 말이기도 하다.

물이 낮게만 흐르는 겸손, 돌아서 갈 줄 아는 지혜, 모든 것을 수용하는 포용력과 융통성, 장엄한 폭포처럼 떨어지는 용기, 유유히 낮게 흘러 바다를 이루는 대의, 이 모든 것을 갖추고 있기 때문이 아니겠는가.

우리가 물에서 이와 같은 덕을 배운다면 가정이나 사회생활에 있어서 한결 부드럽고, 남을 배려하는 생활을 할 수 있을 것이다. 우리가 이러한 유연함을 잃을 때는 종종 스스로를 옭아매고 갈등과 집착에 갇히게 되곤 한다. 그러나 어떤가, 종일 물을 쓰고 살면서도 물의 이와 같은 덕德에 대해서는 생각하지 않는다. 혹은 조금 감사한 마음이 들다가도 일상의 일로 잊고 만다.

우리는 누구나 다 각기 자기의 생각을 하며 살고 있어서 서로 마음이 부딪칠 때가 있다. 여러 사람이 어울려 생활하는 조직체에서는 의견 대립이 간혹 있다. 그것은 서로 얼굴이 다르듯이 생각이 다 다르기 때문이 아니겠는가. 사람들은 자랄 때 교육이나 생활 습관에 따라서 형성되는 고정관념이 있다. 고정관념을 바로 가져야 하는데 바르게 갖는 것이 어디 그리 쉬운 일인가.

두 팔이 없고 한쪽 다리도 짧게 태어난 스웨덴의 중증 장애인인 레나 마리아(1968~)가 수영과 자수, 요리, 피아노, 운전에 이르기까지 할 수 있으리라 누가 생각했겠는가, 그러나 그녀는 그 모든 것을 훌륭히 하고 있다.

잘못된 고정관념, 고정관념도 깨어진다는 사실을 우리는 깨달아야 한다. 사람은 물론이려니와 짐승도 제 고집이 있다. 아이들 중에는 아주 어려서부터 고집이 무척 센 아이도 있다. 이렇게 어릴 때부터 형성된 고집이나 고정관념은 그 사람의 인격(또는 성격)의 한 부분이 되어 사리事理와는 별개로 마구 밀어붙이는 습성이 되어 심각한 문제를 일으키기도 한다. 작은 모임, 큰 모임 심지어 교회서까지도 이런 일로 분열이 일어나기도 하지 않던가. 이와 같은 것은 믿음의 문제도 아니고 진리적 문제도 아니다. 사도행전 1장을 보면(22-26절) 12사도 중에 죽은 가룟 유다를 대신할 사도를 뽑을 때 두 사람의 후보가 나와서, 누구를 새울 것인지 논의 끝에 주님께 간절히 기도하고 제비를 뽑아 '맛디아'를 세웠다. 이것이 성경의 가르침이다. 그러니 갑론을박할 것이 아니고 상대방 의견도 존중하면서 막히면 뒤로 물러서기도 하고, 돌아서 가기도 하고, 유연하게 중론을 모으면 되지 않겠는가. 역지사지易地思之로 생각하다 보면 길이 보일 것이다. 물은 우리에게 이러한 유연함을, 포용력을, 대의를 생각하는 낮은 자세를 일깨워 주고 있다. 우리는 물에서 삶의 덕을 배워야 하지 않겠는가.

물을 찬미하는 것은 곧 생명을 찬미하는 일과 다르지 않다. 한 모금의 물이 목을 적시는 순간, 우리는 생명이 다시 깨어남을 느낀다. 물은 뼈도 없이 투명하면서도 유연하고, 끊임없이 흘러가면서도 사라지지도 않고 변화하면서도 본질을 잃지 않는다. 우리는 물에서 유연함 속에서 강인함을, 다투지 않음 속에서 참된 힘을 배워야 한다. 흐름 속의 영원, 낮아짐의 넉넉하고 충만함, 비움 속의 완성으로 물은 대지를 품고, 그 위에 해는 따뜻이 빛으로 감싸안는다. 그 모든 것 위에 하나님은 은혜를 베푸신다. 우리가 상선약수의 지혜를 배워 누군가의 목마름을 해소해 주고 지친 마음을 적셔 줄 수 있다면 우리의 삶이 더 행복해지고 아름다운 사회가 되리라 믿는다.

권은영 kwongrace42@hanmail.net
2015년 《창조문예》 시로 등단. 시집 『길 위에서』, 『오늘의 섬』. 공저 『수금을 울리다』 외 다수. 창조문예문예상, 한국기독교문학상 수상. 이화여대 국어국문학과 졸업. 한국문인협회 회원, 한국기독교문인협회 이사, 이대동창문인회 회원. 창조문인협회 회장 역임.

자연사박물관이 없다

제종길

1

어떤 사회 현상에는 반드시 인과관계가 있다. 그냥 저절로 생기는 일은 하나도 없는 까닭이다. 마치 생태계와 같다. 주민을 자주 무는 독사를 잡기 위해서 뱀의 천적인 몽구스를 외국에서 도입하여 풀어 놓았더니 독사는 죽이지 못하고 몽구스 개체 수만 늘어 이 섬에만 사는 고유 동물들을 닥치는 대로 죽여서 생태계가 엉망이 되고 나서야 문제를 알게 되었다. 외래 포식자를 도입한 전문가들이 몽구스가 주행성이고 독사들이 야행성이라는 것, 즉 활동 시간이 다르다는 점을 미처 생각해 내지 못했다. 부랴부랴 정부가 나서 몽구스 퇴치 전략을 세우고, 막대한 예산과 오랜 시간을 들여 겨우 제거를 다 하였다.

이후 사라졌던 종들이 하나, 둘 되돌아온다는 기쁜 소식이 들렸다. 독사도 이 독특한 생태계를 구성하는 핵심 종이라는 것도 깨달았다. 하지만 학자들이나 주민들이 몰랐던 종들은 어떻게 되었는지 알 길이 없었다. 일부 토양에서 한 번도 기록된 적이 없는 생물의 DNA가 나와서 찾아보니 그랬다. 일본 본토와 오키나와 사이에 있는 유네스코 세계자연유산인 섬, 아마미오시마[奄美大島]의 이야기이다. 물론 실패 사례도 있다. 아니 훨씬 더 많을 것이다. 실패인 줄도 모르고 지나는 것이 더 큰 문제다. 새만금간척사업으로 하구 갯벌이 파괴되었지만, 그곳에 얼마나 많은 종이 살았는지 정확히 몰랐고, 귀한 바다인지도 몰랐다. 새만금의 자연 갯벌이 사라진 이후 우리는 외국산 조개를 수입해 먹고 있다.

2

요즈음 '생태계'라는 단어는 생물과 이들을 둘러싼 환경만의 관계에서만 쓰이는 것은 아니다. 요 몇 달 사이에 생태계라는 말이 가장 많이 언급된 분야는 미국의 산업에 관해서다. 즉, "미국의 조선造船 산업 생태계가 무너졌다"라는 의미의 뉴스와 칼럼이 쏟아졌다. 위의 글을 읽은 이들에게는 "연유는 모르겠지만 조선 산업에 관련된 노동자들과 비롯한 얽히고설킨 산업 구조에 큰 문제가 생겼구나"라는 생각이 들었을 것이다. 특이한 것은 대규모 조선 산업은 영국을 비롯한 유럽 국가에서 처음 발전한 기술이 해군력을 중시하던 미국에서 획기적으로 비약한 것인데, 이 기술이 일본을 거쳐 이제 한국과 중국에서 꽃피우고 있다. 고급 선박 건조 기술은 한국이 세계 최고라고 하니 자랑스럽긴 하다. 이러한 아이러니를 해석

하려면 복잡한 과정을 알아야 한다.

우선 냉전이 끝나 군함이 더 이상 많이 필요하지 않았다. 인건비와 건조비가 올랐다. 미국의 철강 회사가 철강 생산에 수익성을 내지 못하니 이와도 연관이 있었으리라. 수지가 맞지 않고, 국제가격 경쟁에서 밀리고, 사람들은 어렵고 힘든 일을 하기 싫어하니 어쩔 수 없어 보였다. 어쨌든 무엇이든 해야 하고 전쟁에도 대비해야 하니, 남이 안 하려고 하고 고급 노동력을 동원할 수 있는 국가 역량까지 있으니 우리나라와도 잘 맞았다. 반대 관점이 된 것이다. 어떤 이는 우리 몸속에 바다 DNA가 잠재되어서 가능했다고 한다. 미국은 400여 개의 조선소가 이제 21개소가 남아 함정 수리도 못 할 판이다. 해군력으로 세계를 제패했다고 생각하고 있는 사이에서 뒤에서 그 힘의 기반이 사라져 버린 꼴이 되었다. 천조국天朝國이라는 미국같이 거대한 나라도 어이없는 실수를 하였다. 전 지구적으로는 한 곳이 무너지면 한 곳을 채울 수 있어야 생태계가 유지되는데 이미 다른 나라가 할 수 있게 되었다. 미국엔 기회가 없다. 이젠 그런 인력도 산업도 없이 겸손하지도 않으니까……. 또 다른 산업에서는 이런 허점이 없으려나. 만약 그런 일 자주 발생한다면 언젠가 미국은 외딴섬이 될 수도 있다. 생태계에는 요행을 용납하지 않는다.

3

한국은 OECD 국가 중에 국립 자연사박물관이 없는 유일한 나라다. 자연사박물관은 지구와 인류의 역사와 지구상에 살고 있는 생물과 지구환경에 대한 기록과 표본을 수집하여 연구하고 전시하는 공간이다. 이 특별한 기관에서는 자기 나라가 자연계에서 어떠한 위치에 있는 나라인지 알아내는 일을 하는데 어떤 국가라도 반드시 이런 자연사를 귀하게 여긴다. 일반 역사와는 쌍벽을 이룰 정도인데 우리만 예외다. 우리나라는 기술 중심의 정책 기조로 성공한 나라라고 "그까짓 생물 몇 마리 전시하는 것이 무어 그리 중요한가?"라고 생각하는 고위 공무원이나 정치인들이 많은 것으로 안다. 전시는 표면에 보이는 것이 어쩌면 20% 정도의 일이고, 전시 갤러리 뒤편에서의 엄청난 빅 데이터와 일들을 전혀 모른다는 방증이다.

현 정부에서는 AI 산업을 키우는 데 천문학적인 예산을 투여하겠다고 한다. 물론 중요하다. 그런데 정교한 빅 데이터 없이 성공할 수 있는가? 세계에서 몇 위 할 정도로 살 만하면 우리가 무엇이 중요한지 우선순위를 알아야 하는데 그렇지 못한 것 같아 안타깝다. 미래에 우리를 먹여 살릴 원천 기술은 어디서 나오는지, 왜 청년 자살률이 제일 높은지, 독도에 강치가 없으면 어떤 일이 생기는지, 환경문제에 얼마나 둔감한지 정도는 알고 지나가자. 그런 쪽에서 일어나는 일들에도 눈을 돌려 해소해 나갈 필요가 있지 않은가? 이 땅에서 살아가는 생물들이 하는 일들의 총합이 AI 산업보다 더 가치가 있을지 모르지 않는가? 그런데 국립 자연사박물관 건립에는 인색하다. 그 1/10이면 충분한데……. 이젠 한번 돌아봐야 하지 않은가 한 번 더 묻고 싶다.

사람들이 주변에 사는 작은 생물들이 우리에게 얼마나 소중한

지를 인식하는 데 얼마간의 지식과 통찰력이 필요하다. 세계적인 경제 전문가나 첨단 기술자라도 이해를 못 하지만 자연과 자주 만나거나 숲이 많은 동네에 사는 초등학교 학생 중에는 그 의미를 금방 알아차리기도 한다. 잠시 시선을 돌려 '레고 블록' 이야길 해 보자. 아니면 가족들이 가정에서 간혹 하는 블록을 쌓아 올린 탑에서 무너지지 않도록 블록을 하나씩 빼서 탑이 쓰러질 때까지 하는 게임인 '젠가'에서 몇 개를 빼면 성이나 탑이 무너질까 생각해 보면 생태계에서 한 종, 한 종이 얼마나 중요한지를 알 수 있다. 아주 복잡하게 관계를 맺는 생물들이 하나씩 사라지다가 어느 한 순간에 전체 연결 구조가 다 끊길 수 있다는 이야기이다. 당연히 성이나 탑은 구조가 어그러지게 되고, 기능도 하지 못한다. 이렇게 볼 때 현재 지구 생태계와 우리 바다는 안전한가? 아닌지는 아무도 정확하게 모른다.

다만 지구 위에 사는 생물과 생태계를 잘 관리하고, 이미 사라진 종들을 복구하는 노력에 최선을 다해야 한다는 점을 알고 있다. 유엔의 여러 기구나 국제회의에서는 이런 일에 열중하고 있다. 미국의 퓰리처상 2회 수상에 빛나는 저술가이자 개미 연구의 세계적인 권위자인 '에드워드 윌슨' 교수는 그의 자서전 『자연주의자』에서 "아이들은 숲과 같은 자연에서 학교에서 가르쳐 주지 않은 자연의 이치를 깨닫는다"고 했다. 또 "자연이 멀리 있는 도시에서는 자연사박물관이 그 역할을 대신한다"라고 했다. 약 30년 전 나는 이 글을 읽자마자 제자 한 명과 함께 세계 각국의 자연사박물관과 노벨상 과학상의 수상자 수를 조사했었다. 신기하게도 두 수의 관계가 거의 정비례하였다. 박물관이 많은 나라가 수상한 과학자 수가 많다는 이야기이다. 여러분도 한번 확인해 보기 바란다. 아직 우리나라엔 '국립 자연사박물관'이 없다.

제종길 jgje1231@naver.com
2018년 《창조문예》 시로 등단. 시집 『말하지, 그랬어』. 칼럼니스트. 서울종합과학대학원대학교 석좌교수. (사)도시인숲 이사장.

얼죽아를 아시나요

장영생

'얼어 죽어도 아이스커피'라는 말을 줄인 표현이랍니다. 사무실이 모여 있는 명동이나 여의도에서 점심시간대가 되면 식사를 마친 젊은이들이 들고 다니는 아이스커피, 언제부터 우리나라가 커피의 천국이 되었는지, 놀랍게 빠른 문화적 변화를 느낍니다.

그런데 식사값보다 커피값이 더 비싼 경우도 있어서 예전에는 밥과 커피를 혼자 부담하기도 하였는데, 요즈음에는 밥값은 내더라도 커피는 각자가 사는 형태가 많아졌다고 하네요.

'얼죽아'라는 표현을 듣고 괜히 반대말을 한번 만들어 보고 싶다는 엉뚱한 생각을 갖게 되었지요. 열심히 머리를 굴리다가 지은 말이 '누머핫'입니다.

'누가 머래도 핫(아이스의 반대말)'이라는 의미를 줄인 것입니다. 왠지 그럴 듯도 하고 느낌도 나쁘지 않아 주위 아는 사람들에게 많이 사용해 달라고 부탁까지 하는 홍보를 했지요. 그러던 중에 모 개그맨이 '쪄죽따'라는 말을 '얼죽아'의 반대말로 사용하는 것을 들으며 무릎을 '탁' 치게 되었지요.

기막히게 제대로 어울린다는 느낌이 들면서 끝말을 영어로('아이스'와 '핫') 사용해야 한다는 고정관념으로 2% 부족한 반대말을 지었다는 것을 알게 된 겁니다.

머리가 낡아지면 선입견과 편견 그리고 고정관념으로 프레임을 갖춘 형태의 생각으로 가득합니다. 창의적으로 바뀌려면 부지런히 두뇌를 활용해야 하는데 편하고 익숙한 것에서 벗어나는 일은 너무 힘들고, 도전하려면 고통스럽기도 한 경우가 있으니 자연스럽게 피하게 되는 것이지요.

요즈음 길에서 빈 택시를 잡기가 어려워졌습니다. 대부분 택시를 부르는 콜을 이용하기 때문이지요. 어떻게든 자식들에게서 배우기도 하지만 막상 시도하다 보면 제대로 부르지도 못하고 잘못 부를 수도 있어서 결코 쉬운 일이 아닙니다.

또한, 식당의 키오스크 앞에서 쩔쩔매는 경우를 흔히 봅니다. 메뉴를 선택하는 것도 일행 수를 입력하기도 어렵다 보니 대기하는 줄이 길어지면서 식당에 민폐를 끼치는 일이 많아 한참 시간에는 노인들이 들어오는 것을 달가워하지 않는 식당도 많아졌습니다.

재미있는 일은 나이 든 손님들은 키오스크 앞에 떼로 나와서 서로 한마디씩 하다 보니 무슨 주문 회의라도 하는 것 같은 장면이 연출되기도 합니다.

지금은 치매라는 병이 국가적으로 큰 문제가 되었지요. 병의 원인이 오래 살아서 생긴다는 발표는 우리를 우울하게 만들고 마음 또한 씁쓸합니다.

가난한 시절을 참고 견디며 살아왔는데 이제 좀 살 만하니까 기억력이 문제가 되어 가족은 물론 사회적으로도 자신도 불행한 말년이 되고 있으니 참 슬픈 일이지요.

오래 살겠다고 좋은 것을 섭취하는 일이 무슨 의미가 있을까요? 두뇌를 오래도록 맑고 건강하게 유지하지 못한다면 건강하기는 하지만 소용이 없는 헛짓거리인 것을…….

몸도 중요하지만, 두뇌의 기능을 정상적으로 유지하는 일이 더 필요한 시기입니다. 새로워질 수는 없겠지만 건망증은 있을지라도 기억이 사라지는 치매를 이기는 길은 새로운 기기와 시스템에 적응하려 노력하는 일, 애쓰다 보면 두뇌를 불편하게 하면서 어느 정도 기능이 지켜지고 유지되리라 생각합니다.

물론 그럼에도 불구하고 찾아오는 병이라면 어쩔 수 없이 받아들일 일이겠지만 관리를 잘못했다고 후회할 명분은 줄어들 수 있다고 생각하니까요.

장영생 hoho5118@hanmail.net
2019년 《창조문예》 시로 등단. 《조선일보》 윤전부장 역임. 《조선일보》 부국장 대우.

이 마음을 품으라

조정태

어젯밤, 빌립보서 2장 5-11절의 말씀을 묵상하는 중에

"자기를 낮추시고 죽기까지 복종하셨으니 곧 십자가에 죽으심이라"(빌 2:8)를 묵상할 때 십자가에 못 박히신 예수 그리스도의 모습을 생각하니 가상칠언架上七言이 마음속에 떠올랐다.

– 어머니, 보소서. 아들이니이다.

– 네 어머니이시다.

– "내가 진실로 네게 이르노니 오늘 네가 나와 함께 낙원에 있으리라"(눅 23:43)

– "아버지 저들을 사하여 주옵소서 자기들이 하는 것을 알지 못함이니이다"(눅 23:34)

– 내가 목마르다.

– 엘리 엘리 라마 사박다니!

– 아버지, 내 영혼을 아버지 손에 부탁하나이다. (눅 23:46)
– 다 이루었다.

그 말씀 하나하나가 극한의 고통, 수치와 조롱, 하나님으로부터도 버림받고 단절되는 헤아릴 길이 없는 아픔과 어둠 속에서 토해내신 말씀이요, 그 극한의 고통 속에서도 주님의 마음—어머니에 대한 위로와 배려, 죄인(강도)을 용서하시고 구원하심, 자신을 못 박는 무리를 위한, 긍휼을 구하는 기도, 극한의 고통, 하나님으로부터 단절되는 절망과 절규, 하나님께 영혼을 의탁하시는 믿음의 고백, 죽기까지 순종하며 하나님의 뜻을 이루신 것을 안도하심이 절절히 나타나 있다.

주님의 일곱 마디 말씀을 묵상하면서 주님과 함께 나의 육신의 정욕, 안목의 정욕, 이생의 자랑—그 모든 것이 못 박혀 주 안에서 죽기를 기도하게 되었다.

주님은 "근본 하나님의 본체시나 하나님과 동등됨을 취할 것으로 여기지 아니하시고 오히려 자기를 비워 종의 형체를 가지사 사람들과 같이 되셨고 사람의 모양으로 나타나사 자기를 낮추시고 죽기까지 복종"(빌 2:6–8)하셨다. 주님은 철저히 자기를 비워 하나님의 종으로서 죄인들을 섬기시고 그들을 위해 생명을 버리시기까지 순종하셨다.

가족과의 관계에서 내가 화를 내고 상처를 준 것, 육신의 정욕과 안목의 정욕과 이생의 자랑에 빠져 살았던 것, 죄에 빠지고 거짓에 빠져 거짓 증거한 것, 하나님의 뜻을 거역하며 살았던 것, 하나님 주신 재물을 잘못된 곳에 낭비한 것, 자기중심으로 이기적으로 살았던 것—그 모든 것들을 십자가의 주님 안에서 회개했다. 그 창에 찔리심으로, 그의 상하심으로, 그가 채찍에 맞으심으로 고침을 받고 나음을 받기를 간절히 기도했다.

깊은 회개의 기도를 다 드리고 났을 때 갑자기 "너는 내 사랑하는 자요, 나의 기뻐하는 자라"라는 말씀을 주셨다. 이어서 "여호와의 영이 내게 임하시니 황무지가 장미꽃같이"라는 말씀을 들려주셨다.

오늘 주일예배에 가니 '성령강림절'로 누가복음 4장 16–21절 말씀을 본문으로 설교하셨다. 설교 말씀 중에 영상으로 보여 주는 말씀 중에

– 주의 성령이 내게 임하셨으니
– 여호와의 영이 내게 임하시니
– 하나님의 영은 수면 위에 운행하시니라
– 상한 심령을 고치시고
– 너는 나의 사랑하는 자요 기뻐하는 자로다

이런 말씀들이 나왔는데 내게 어젯밤에
"여호와의 영이 임하시니",
"너는 나의 사랑하는 자요, 기뻐하는 자라."

그 말씀들을 주신 것이 오늘 성령강림절을 위해 주신 말씀이라는 것을 깨닫고 놀라면서 깊은 감사를 드렸다.

얼마 전에 시, 「땅 위에 쓴 글씨 · 2」를 쓰면서 "그 손가락은 수면 위에 운행하던 영과 같이"라고 표현했고 오늘 아침 교회 가기 전에 그 시를 PPT로 편집하다가 갔었는데 이 또한 주님이 미리 주신 말씀임을 깨닫게 되었다. 주님은 어제와 오늘에 걸쳐서 나를 용서하시고 기뻐하시고 성령을 부어 주신 것을 말씀을 통해서 알게 하신 것 같다.

조정태 1364jt@hanmail.net
전남 여수 출생. 2019년 《창조문예》 시로 등단. 시집 『땅 위에 쓴 글씨』, 『그 밤이 있었기에』, 『샘물』. 공저 『그대 앞에 서면』. 연세대학교 영어영문학과 졸업. 창조문인협회, 한국기독교문인협회 회원. 현재 〈세일커뮤니케이션〉 대표.

네가 어디 있느냐

이청승

'나이 들어 나쁜 건,
눈이 자꾸자꾸 침침해지는 일이다
좋은 책 한 권, 다 읽기 어렵고
좋은 친구 얼굴 하나둘,
안 보이게 되다니.
그러나 나이 들어 좋은 건
자꾸자꾸 힘이 빠지는 일이다.
여기저기 돌아다니며,
쓸데없는 짓 안 하게 되다니.
그런데 나이 들어 나쁜 건
점점 더 초조해지는 일이다.
아무것도 한 것 없이,

이 세상 공연히 왔다 가는 것 같아.
그러나 나이 들어 감사한 건
이제사 결판을 본다는 거다.
어떻게 시작했는지 모르는 삶을,
이제사 뒤돌아볼 수 있다니'

이제 나이 들어 인생, 후반전까지 끝내고 연장전에 들어와 뒤를 돌아보는 시간이다. 그동안 나는 '자기 일, 남의 일' 가리지 않고 정말 하루하루를 열정적으로 살아왔다. 홍익대학 4년을 중퇴까지 하면서 (주)현우그룹을 창업했고 또 세계적인 POLA 화장품과 50 대 50의 합작회사를 설립했다. 그리고 중국 북경에 북경현우예술대학을 설립하기도 했고 한동안 BESETO 문화운동을 제창했고 국제디자인대학원 대학교의 설립을 주도하여 IDSA 디자인운동을 전개했으며 또한 세종문화회관 사장직을 맡아 디자인 경영에 몰두하기도 하였다. 마지막으로 한동안 이어령 교수님을 모시고 경기창조학교를 창립하여 학교에서 가르치지 않는 것들을 찾아 제대로 가르칠 것을 가르치는 학교를 만들어보겠다고 열심을 다하던 시기도 있었다. 사방팔방을 가리지 않고 뛰어다니며 나 자신에 대한 자존감과 성취욕으로 꽤 잘난 척을 하기도 한 시절이었다. 그러다가 지방의회의 반대 세력에 부딪혀 좌절되면서 툭, 툭, 다 털어버리고 혼자 제주도로 내려와 버렸다. ─우리나라에서 비행기를 타고 바다를 건너갈 수 있는 곳이 있다는 것이 얼마나 고마운 일이었던가?

그러나 이제, 정작 나에게 남아 있는 것은 무엇이던가? 그리고 또 그 이면에서 솔직히 알게 모르게 지은 죄와 시행착오는 또 얼마나 많았을 것인가? 그리고 또 그때, 나의 잘못과 이기심으로 주변 사람들의 마음은 과연 얼마나 많이 힘들고 섭섭했을 것이었던가?

"청승아, 이제 너를 불쌍히 여길 자 누구며 돌이켜 네 평안을 물을 자 누구이냐?"

그러나, 그때 내가 조용히 만났던 것은, 하나님이었다. 하나님 아버지였다.

교회를 다닌 지는 제법 오래되었지만 새삼 "내가 그리스도와 함께 십자가에 못 박혀 있나니" 다 내려놓고 하나님 한 분에 매달릴 수밖에 없던 때가 그때였던 것이다.

피조물로서의 그때 뜻밖에 밀려오는 느낌은 감사였다. 가장 어둡고 어려운 환경 속에서 발견된 만남이었고 감사였다. 긴 터널 끝에서 만난 빛이었다.

"만물의 척도는 인간이다"로 시작된 인간 최초의 자각은 "너 자신을 알라"는 소크라테스의 가르침으로 절정에 이르렀다.

그리고 지금 나는 80세에 접어들면서 다시 그림을 그리기 시작했다. 그리고 그림을 그리면서 짬짬이 '네가 어디 있느냐?'고 새삼 나에게 묻는다. 마치 하나님께서 선악과를 따먹고 숲으로 몸을 숨긴 아담에게 물었던 것처럼…….

내 속이 썩지 않고
저절로 익는 것이 있었던가?
한 오백 년쯤

비우지 않고 깊어질 수 없다는 계곡-
계곡이 강줄기를 만들고
강줄기가 계곡을 다시 만든다.
그 위를 무심하게 스쳐 가는 바람,
시간, 시간을 누비고
가는 계절.
황급히 사라지는 철새 한 마리,
아, 오늘 하루도 너는 충실했노라.
사람도 그렇게
새처럼 자연에 묻히면
그림이 될 수 있을까?

이청승 pola-cslee@hanmail.net
2019년 《창조문예》 소설로 등단. 저서 『아버지의 편지』, 『두 개의 르네상스』, 『세종에게 길을 묻다』. 홍익대학 미술학부 졸업. 서울대학교 행정대학원 수료. 세종문화회관 사장 역임. 현재 (사)창조한국 이사장.

밀당

김순규

강화산성 동편 자락 남산마을에 숙소를 정했다. 출퇴근 거리가 만만치 않으나 도심보다는 한적한 것이 조용해서 좋다. 산자락 하부를 오르내리며 오가는 길이 부조고개다. 고려가 멸망하고 이조가 개국되면서 고려 선비들이 이 고개를 넘어 은거지로 숨어들었다고 한다. 불복할 부不에 조회할 조朝의 한자를 쓴다. 조선에 협력하지 않으려던 고려 신하들의 충절과 망명 의지가 담긴 고개다. 강화도의 충절과 역사성을 상징하는 중요한 장소이다. 부조고개의 이름은 여기서 유래되었다.

이 길을 따라 읍내 쪽으로 죽 내려가다가, 왼편 강화산성 남문의 성문을 통과하면 '왕의 길' 화강석 판석 포장도로가 나오는데, 이 길을 따라가면 끝 쪽에 현장이 있다.

강화도는 예부터 섬유 도시로 방직공장이 많다. 출퇴근 길에도 세 곳이나 있다. 〈소창방직〉, 〈동광직물〉, 〈조양방직〉이다. 지금도 보존하여 체험관이나 카페로 활용하고 있다.

고개는 세 부분으로 이루어져 있는데, 읍내 쪽에서 바라보면, 첫 번째 고개는 어느 정도 경사가 있고, 두 번째 고개는 경사가 약해 굳이 고개랄 것도 없다. 마지막 고개는 제법 가파르다. 여기를 정점으로 좌측 골목을 들어서면 에스자형 경사가 나타나는데 가파르다.

미리 부임한 동료가 자전거포를 소개해 주어 중고를 구했다. 기아가 21단이나 장착되어 있어 만족스러웠다.

오랜만에 타보는 자전거라 처음에는 적응이 잘 안 되었다. 옛날 자전거는 뒤 브레이크가 왼쪽에 있었는데 지금은 반대로 되어 있다. 습관대로 왼편 브레이크를 잡았다가 뒷바퀴가 들리고 앞으로 곤두박질칠 뻔하기도 했다. 안전과 관련되므로 이 문제는 빠르게 적응했다.

그러나 기어 변경이 문제였다. 왼편 핸들의 기어와 오른편 핸들의 기어가 서로 헷갈렸다. 여러 번 시행착오 끝에 묘안을 생각했다. 왼손은 밀고 오른손을 당기면 속도가 느려지고 경사를 오를 때 쓴다. 바로 '밀당'이다. 사람 사이에 밀당이 오고 가는 경우가 있는데, 밀당은 쉽게 결말이 안 난다. 느린 해결책이다. 그러므로 자전거가 오르막 경사를 오를 때는 속도가 느림을 적용하면 왼손은 전방으로 밀고, 오른손은 반대로 당기면 된다. 평지나 내리막은 반대로 적용하면 된다. 즉 '땡밀'이다. 왼손은 당기고 오른손은 민다. 이것을 터득하고 나니 기어 변경은 더 이상 문제가 아니었다.

부조고개 길은 도로가 형성되기 이전에 마을이 들어섰다. 겨우 2차선 포장은 했지만, 보도가 없는 곳이 몇 군데 있다. 도로 자체가 옹색하다. 갓길도 없다. 자칫하면 사고로 이어질 수 있다. 처음에는 자주 끊기는 보도를 타고 다녔다. 불편을 감수했다. 조금 자전거 실력이 늘자 겁이 없어졌다. 차선을 타고 가면 차들이 알아서 비켜 앞질러 간다. 중앙선을 넘어 가로지를 땐 고개를 뒤로 젖혀 얼른 뒤돌아봐야 한다.

고개를 오를 때 여름에는 땀이 비 오듯 쏟아졌다. 고개를 내려갈 때는 얼마나 시원한지 운동 삼아 점심시간에도 숙소로 오갔다. 운동량이 상당했다. 나중에는 기어 변경 없이 타기도 했다. 뭐든 하면 익숙하게 되나 보다. 비나 눈이 오면 탈 수 없는 아쉬움도 있으나 겨울에는 하늘을 나는 기러기 떼를 보면서 출퇴근하는 맛이 가히 일품이다.

김순규 kimsoon0691@kakao.com
전북 임실 출생. 2020년 《창조문예》 시로 등단. 시집 『솔바람 피리소리』, 『생각이 머문 곳에 마음꽃 피고』. 창조문예문예상 수상. 창조문인협회 회장. 한국문인협회, 한국기독교문인협회 회원.

헤밍웨이는 시를 쓰지 않았지만

정석영

어니스트 헤밍웨이는 평생 시를 쓰지 않았다.

그에게 시는 문학이면서도 문학 이상이었다. 그는 이렇게 말했다. "나는 시를 쓰지 않는다. 내면의 벌거벗은 모습을 보이기 싫어서." 그 말이 오래도록 가슴에 맴돌았다.

시란 결국, 내면을 있는 그대로 펼쳐 보이는 일이라는 뜻일까. 보여주고 싶지 않은 마음의 뿌리, 속살, 상처마저 드러내야 하는 고백의 형식. 그래서 그는 평생, 문장이라는 갑옷은 입었지만, 시라는 벌거벗음 앞에서는 한 걸음 물러섰던 것이다. 하지만 나는 다르다. 나는 시를 쓰고 싶다. 아니, 더 정확히 말하자면, 시를 통하여 나를 드러내고 싶고, 하늘을 담고 싶다. 때론 거칠고 투박하더라도, 그 안에 진심이 있다면 하나님께 올릴 수 있는 고백이라고 믿는다.

나의 시도 처음부터 믿음으로 시작된 것은 아니었다. 젊은 시절, 나는 감정에 눌려 있었고, 상처에 사로잡혀 있었다. 그때 썼던 시는 마치 호수 위에 이는 작은 파문처럼, 고요하지만 불안하고, 아름답지만 허무한 울림이었다. 자연의 찰나를 붙잡아 감동이라 이름 붙이고, 마음속 흔들림을 문장으로 빚는 일에 익숙해져 있었다. 하지만 신앙이 깊어지고, 주님의 보혈이 나의 죄와 상처를 도말한 뒤부터 시의 주제는 달라지기 시작했다. 육신의 감흥에서 영혼의 고백으로, 감각의 표현에서 믿음의 언어로 방향을 틀었다. 그 변화는 어떤 결심에서 온 것이 아니었다. 은혜였다. 내가 하나님을 깊이 만날수록, 내 시는 자연스레 땅에서 하늘을 바라보는 노래로 바뀌어 갔다. 성경은 말한다. "위의 것을 생각하고, 땅의 것을 생각하지 말라." 그 말씀이 내 안에서 살아 움직이기 시작했을 때, 나는 더 이상 땅의 윤슬이 아닌 하늘의 빛을 시로 담고 싶어졌다.

나는 다윗의 시편을 좋아한다. 그의 시는 인간의 감정이 아닌, 하나님을 향한 절대적인 신뢰에서 비롯된 것이다. 그는 죄를 범했을 때조차 시를 멈추지 않았다. 밧세바를 범하고, 우리아를 죽인 뒤에도 그는 "정결한 마음을 창조하소서"라고 노래했다. 그 시는 변명도 아니었고, 문학도 아니었다. 그저 하나님 앞에 무릎 꿇은 한 인간의 통회였다. 그의 시는 언제나 하나님을 향한 시선에서 출발했다. 나는 그런 시를 쓰고 싶다. 기쁠 때도, 고통 가운데서도, 마음의 수면 위에 청명한 하늘을 담아내고 싶다.

요즘 나는 확신한다. 은혜가 없을 때는 시도 없다는 것을. 기도가 마르면 문장도 마른다. 죄에 짓눌리면 언어도 눌린다. 심령이 살아 숨 쉴 때만이 글도 살아나고, 시도 피어난다. 나는 바란다. 내 생각과 말, 걸음과 시선, 모든 언행 심사가 예수의 향기를 발하게 되기를. 아무리 찔러도 보혈의 향내가 배어나기를. 성읍에서도 들에서도 예수의 피에 물든 사람으로 살아가고 싶다.

헤밍웨이는 시를 쓰지 않았다. 그는 내면을 숨겼고, 침묵을 택했다. 하지만 나는 오늘도 벌거벗은 심령을 가지고 주님 앞에 앉아 펜을 든다. 하늘을 담는 시인, 그 말이 허황된 수사가 아니라 삶으로 살아내는 고백이 되기를 바란다. 그러기에 오늘도 무딘 가슴을 쥐어짜며 기도한다. 하나님, 내 안에 당신의 하늘을 담아 주소서. 그리고 그 하늘로 나를 채우시고, 그 하늘을 시로 써 내려가게 하소서.

정석영 jungssi48@naver.com
2019년 《창조문예》 시로 등단. 시집 『나의 눈물을 주의 병에 담으소서』. 한국찬송작가연합회 바른 찬송가사 1편 채택. 《연세중앙교회 신문 '영혼의 때를 위하여'》에 시 연재. 《연세중앙교회 청년회 Q.T집 '주사랑ing'》에 시 연재. 창조문인협회 상임이사.

가을, 어찌 그리 아름다울까

신길자

파란 하늘 아래 하얀 뭉게구름이 가을의 품에 안겨 있다. 자연을 벗 삼아 길을 나서고 싶다. 숲속을 지나며 향긋한 풀 향기와 피톤치드의 싱그러움을 온몸으로 담아내고 싶기도 하다. 이젤을 펴고 캔버스에 하늘과 숲을 수채화로 그려보고 싶고, 눈으로만 지나치기엔 아쉬운 풍경을 사진에 담아 그림으로 더 표현하고픈 마음이다.

숲을 지나 바다가 있는 곳으로 벌써 마음이 출렁인다. 아름다운 대자연은 사랑을 알게 하고, 감수성을 더 풍부하게 하는 서정의 샘과 같다. 언젠가 학교 정원에서 보랏빛 나무와 어우러진 풍경을 그렸던 적이 있다. 옅은 보라에서 짙은 보랏빛으로 상상 나무를 그렸었다. 클래식 음악과 좋아하는 시, 고전들까지－그날은 나만의 향기로 사색의 상자가 열린 날이다. 어린 시절부터 유난히 맑고 푸른 가을 하늘을 좋아하며 닮고 싶어 했던 나, 나이가 들어서도 변함없이 좋아하고 행복을 주는 가을 하늘이다.

산 중턱에 자리한 집으로 이사를 했다. 24시간 바라볼 수 있는 하늘과 산, 숲과 잔디, 연초록의 정경들이 매일을 감사하게 만든다. 그 경관을 보며 느끼는 행복은 말로 다 표현할 수 없다.

유럽 여행 중, 가는 곳마다 음악가의 흉상과 작가들이 살았던 집들을 보았다. 그들의 작품 속에서 자란 풍경의 정취가 느껴졌다. 독일의 네카어 강 가를 따라 철학자의 길이 있다. 많은 철학자들이 거닐며 명상하고 사색했던 그 길에서, 요한 볼프강 폰 괴테는 철학적 명언들을『파우스트』작품에 많이 남겼다. 그가 시와 작품을 써 내려가던 순간순간에 사랑이 얼마나 행복으로 닿았을지 상상이 된다. 환경은 정서에 깊은 영향을 미치기에 참 중요하다. 지금 내가 아름다운 정경에 머물며 "사랑이야!"라고 외치고 싶은 것처럼, 그들도 더욱 그러했을 것이다.

최고의 아름다움은 주님이시다. 그분의 작품들은 주를 닮아 아름다움 그 자체였으리라. 얼마나 아름다웠으면 "하나님이 보시기에 좋았더라"고 하셨을까. 형형색색의 나무와 야생화, 계절에 따라 나타나는 곤충들……. 어느 날 메뚜기가 거실 유리창에 살짝 앉았다가 다시 날아갔다. 모처럼 보는 메뚜기였다. 하늘과 구름, 숲을 어여쁘게 바라보는 나에게 자기도 봐달라는 듯했다. 자세히 보니 길게 드리운 더듬이, 날렵한 다리와 꼬리, 가녀린 풀 섶에도 앉을 수 있는 체형이었다. 모든 것이 아름다움이고 사랑이며, 생명으로 주의 뜻을 이루어간다. 잎을 간지럽히는 바람도, 풀벌레의

합창도, 가끔 노래하는 산비둘기와 새들도 감사와 행복을 노래한다. 그 행복은 바이러스처럼 퍼져 나에게 힐링을 주고, 이웃을 사랑하게 하여 주를 경외하게 한다. 대자연 안에 모든 피조물의 아름다운 선이 담겨 있다. 하늘과 구름 사이로 햇살이 비치고, 그 아래 초목들이 빛의 스펙트럼으로 어우러진다.

이른 새벽녘의 빛은 감사로 나를 주께 더 가까이 이끈다. 기도로 하루를 시작하며, 대자연의 모든 것에 감사하며 미소를 짓는다. 아름다운 사랑에 행복하다. 하루를 주신 주께 감사를 드리며 시작하는 아침은 나를 더 강건하게 만든다. 믿음이 행함으로 온전해지듯, 이웃 사랑으로 주를 기쁘시게 하려는 마음은 나의 궁구하는 몫이다. 초록과 연두, 짙은 청록의 풍경 속에서 이웃 사랑을 품고, 성령과 동행하기 위해 시간의 장을 넘긴다. 모든 것이 주의 은혜요, 이웃이 있어 참 좋다. 아름다운 대자연을 창조하신 주께서 남은 여정도 그 섭리 안에서 성화로 인도, 역사하시리라 확신한다. 그 사랑의 풍성함이, 아름다운 대자연 안에서 사랑을 좇아 살게 하고 상생하게 하는 선, 이 가을이 더 나를 행복하게 펼쳐 준다.

신길자 igilja@hanmail.net

2021년 《창조문예》 수필로 등단. 저서 『말씀이 빛이 되어』, 『요한복음강해 영이요 생명이라』, 『지혜의 정원』, 『은혜의 정원』 외 다수. 현재 바이블 아카데미 학장. 미국 오이코스대학 교수. (사)AETA 지도자 선임연구원. 기독교신문 칼럼니스트.

해야 하니까 하게 되더라

전은경

고등학교 친구 아버님이 돌아가셨다는 소식을 듣고 부랴부랴 논산행 '밤 기차'를 탔다. 아무리 바빠도 이번만큼은 꼭 가야겠다는 생각이었다. 도착하니, 논산에 사는 또 다른 고등학교 친구가 마중 나와 있었다. 우리는 함께 차를 타고 장례식장으로 향했다.

우리는 고등학교를 졸업하고도 줄곧 만났었는데 어느 순간부터 각자 삶이 바쁘다 보니 만나지 못했다. 그런데도 상을 당한 친구의 얼굴에는 슬픔과 피로가 고스란히 배어 있었지만, 오랜 친구들을 만난 반가움이 순간 그의 얼굴을 환하게 비췄다. 묘한 기분이었다. 위로의 자리에서 오히려 따뜻한 설렘이 깃드는 순간이었다.

상을 당한 친구는 아버지께서 남긴 마지막 말을 조심스럽게 꺼냈다.

"마지막으로 하신 말씀이 '콩밭에 까치가 오면…'이었어."

숨이 가쁜 가운데 남기신 말이라 처음엔 제대로 알아듣지 못했단다. 몇 번을 되묻고 나서야 아버지의 뜻을 헤아릴 수 있었다고 했다.

"까치가 콩을 다 쪼아먹는 것 같아도, 추수할 때가 되면 남는 게 있더라. 세상살이도 그래. 헛수고처럼 보여도, 때가 되면 거두게 되어 있다."

친구의 아버지는 숨을 거두는 순간까지 아버지였다. 병든 몸으로, 마지막 숨을 모아 전한 그 말속에는 평생을 살아낸 지혜와 자녀에 대한 염려, 자신이 살아낸 삶에 대한 믿음이 녹아 있었다. 친구는 서울에서 아버지가 계신 요양병원까지 오가며 '간병'을 했다고 했다. 대중교통이 닿지 않는 외진 곳이라 자가운전이 필수였고, 익숙하지 않은 길이지만 두려울 틈조차 없었다고 했다.

"해야 하니까 하게 되더라."

그 한마디에 많은 의미가 들렸다. 나는 말없이 친구의 손을 잡았다. 환자 가족을 돌보는 일이 얼마나 무겁고 고된 일인지, 나 역시 알기에…….

그러고 보니, 우리 셋 모두 환자 가족을 돌보다 떠나보낸 경험이 있었다. 나는 어머니를, 한 친구는 남편을, 그리고 또 다른 친구는 아버지를……. 병상에 누운 가족을 곁에서 지키는 일은 그 자체로 이별 연습이다.

한 친구는 오랫동안 남편의 병간호를 했다. 마지막 무렵엔 중환자실에 입원한 남편을 보기 위해 논산에서 서울까지 새벽마다 올라갔다가, 수업이 있는 날이면 다시 논산으로 돌아와 교실로 향했고,

수업을 마친 뒤엔 다시 서울로 올라가 남편을 만났다고 한다. 하루에 두 번, 왕복 열 시간 가까운 거리를 오가는 그 시간을 친구는 조용히, 묵묵히 견뎌냈다.

나 역시 어머니가 담도암 수술 후 합병증으로 8개월을 입원하셨을 때, 매일 천안에서 서대전까지 기차로, 병원까지는 택시로 이동했다. 아침 회진에 맞춰 담당 의사를 만나 뵙고, 어머니 다리를 주물러 드린 뒤, 다시 논산행 버스를 타고 수업을 하고, 저녁에는 다시 천안으로 돌아오는 하루하루였다. 그 반복된 일상이 고되긴 했지만, 그때는 힘들다는 생각이 들지 않았다. 그냥, 해야겠다는 마음뿐이었다.

이야기를 나누며 친구들은 입을 모아 말했다.

"그땐 정말 힘든 줄 몰랐어. 그냥 해야 하니까, 했던 것 같아."

"그런데, 남편이 가고 나서 공황장애로 힘들었던 거 알지?"

그랬다. 친구는 남편을 떠나보내고 몇 년 동안 정신과 치료를 받았고, 나도 어머니를 보내고 심한 앓이를 했다. 견디는 동안에는 초인적인 힘이 그것을 지탱하지만 힘든 건 힘든 거다. 그래도 나는 해야만 해서 하게 되었던 그때를 후회하지 않는다.

전은경 79yusong@naver.com
대전 출생. 2022년 《창조문예》 수필로 등단. 저서 『즐기고 힐링하는 독서놀이』, 『좌충우돌 우리네 이야기』. 나사렛대학교 기독교학부 객원교수, 맘뜨락심리상담연구소 소장, 그닮교회 담임목사.

가을의 단상斷想

정안나

바야흐로 감사의 마음을 되찾기에 좋은 계절이 왔다. 무더운 여름의 이상고온과 억센 장마를 힘겹게 겪고 난 후에 다시 맞게 되는 선선한 가을바람과 가을 하늘은 정녕 행복의 전령사이다. 계절의 변화와 함께 땅과 자신과 엇비슷한 높이의 사람들만 주로 바라보며 바람직하지 않은 생각에 쉽게 휘몰리던 습관을 바꾸기로 했다. 갈등의 요소를 만드는 생각의 습관을 바꾸어 멀리 하늘 위를 바라보고 하늘의 것을 추구하는 마음을 갖기로 했다. 자연스레 우주의 주인 되신 분께 감사하고 그분을 좀 더 알아가고자 하는 소망을 품으니 마음도 푸근해진다. 가만히 올려다보면 하늘의 다양한 그림들이 신기하게 다가온다. 하늘색 바탕에 모양과 농도가 다양한 구름이 만드는 수많은 이야기들이 가슴에 전해진다. 도시의 빌딩에 갇혀있는 순간에도 온통 유리로 덮인 높은 건물을 보면서 개개의 네모난 유리 액자 창들에 하늘 조각을 담고 나름의 독립적인 그림을 보란 듯이 전시한 그럴듯한 눈요깃감이 어디에나 있다.

맑은 가을바람을 숨 쉬며 하늘을 향해 눈길을 돌리는 습관과 더불어 현재보다는 지나간 세월을 반추하며 자신을 되돌아보려는 마음의 여유도 생겼다. 이미 안 계신 부모님을 회고하기도 하지만 자신과 함께 나이 들어가고 있는 형제들을 생각하게도 된다. 최근에 팔순을 넘어선 맏언니가 중병 진단을 받으셨다는 사실에 누구에게나 예외 없는 세월의 흔적을 느낀다. 언제나 당당하고 강한 의견을 소유하신 은퇴 교장선생님은 항상 건강하실 것처럼 보이셨다. 사실 생각을 공유하기도 힘들어 기꺼이 자주 연락도 못 드렸기에 더욱 아쉽다. 그러다가 자신이 지녀왔던 선입견과 편견을 재정비하고 언니 입장에서 생각하고자 하는 마음이 뒤늦게 찾아왔다.

형제가 많던 집안의 여섯째로, 딸로는 다섯째 딸인 나는 언제나 네 언니들 중 누군가의 영향권 아래에서 성장 과정을 보냈다. 따스하며 정감 어린 예쁜 추억이 새록새록 떠오르기도 하고 언니들로부터 받은 옷과 책과 가방 등 친구들의 부러움을 살 만한 자랑거리도 있었다. 하지만, 늘 부족한 자원을 여럿이 나누어 가져야 하는 상황에서 결핍을 느낀 적이 많았기에 채워지지 않는 것은 체념해야만 했다. 특히 나이 차가 많았던 큰언니와는 세대와 생각의 격차를 많이 느끼며 자신의 욕구를 표현하기 전에 좌절시키며 살아왔다.

내 나이 서너 살쯤 되었을 때 형제 중 처음으로 대학에 간 큰언니는 집안의 기둥으로 우리 가족 모두의 기대를 걸머질 수밖에 없었다. 하지만 온 가족의 희망봉 큰언니에 대한 기대만큼 실망은 많은 동생들이 공유한 아쉬움이었다. 말을 아끼며 인내심 많은 엄마도 때로는 큰언니와 갈등을 겪으셨다. 실망을 안겨준 남편, 그리고 첫딸 이후 연이은 딸 부잣집에서 경제적으로 힘든 상황에서도 헌신적인 엄마의 자식 교육에의 열정을 이해한 나는 큰언니를 더욱 이해하기 어려웠다. 내가 지금의 초등학교 6학년이 되자 형제들이 있는 대도시로 유학 보내신 어머니의 열정은 나에게 어려서부터 독립심을 키우기도 했지만, 결핍으로 인한 구멍 뚫린 마음과 고독감, 그리고 자부심과 함께 콤플렉스도 깊게 심어 놓았다.

같은 도시에서 살며 교사였던 큰언니를 만나는 주말에 작은언니와 나는 일제강점기의 잔재인 모자를 갖춘 여고, 여중 교복을 단정하게 입고 중앙시장 근처에서 대기하였다. 큰언니가 시장을 보시면서 학부모가 있는 건어물 및 반찬 가게들을 전전하며 동생들을 줄 세워 보여주고 반찬거리를 사시면서 인사시키시는 데 흠 잡히지 않게 예의 바른 모범생의 모습을 유지하려 했다. 지루하고 고역스러웠지만 기대하는 바가 있어서인지 인내로 바른 자세와 다소곳하고 점잖은 표정으로 아까운 몇 시간을 열심히 쫓아다녔다. 지나친 칭찬이 부담스러울 때도 미소를 잃지 않았다. 긴 시장 견학이 끝나면 우리의 반찬거리도 같이 챙겨주시는데 마지막 코스는 변함없이 대로변 중국집에서의 짜장면이었다. 지친 작은언니와 나는 행여나 고기반찬을 얻어먹을까 기대했다가 실망하고 어두운 얼굴로 전깃불이 휘황한 도로를 따라 무거운 발걸음을 옮겼다.

그날은 고향 집의 생선이나 돼지고기 아니면 닭고기찌개가 못내 그리웠다. 자갈길을 걸어 십여 분 개울 건너 시장 안 정육점 좌판 위의 털 자욱이 송송 난 비곗덩이에 붙어있는 빨간 살코기를 바라보며 돼지고기 한 근을 사 올 때가 떠올랐다. 인심 좋은 사장님은 어린 나를 슬쩍 바라보시며 살코기 작은 조각을 덤으로 더 주시곤 했고 나는 행복감에 넙죽 절을 하곤 검은 봉지를 들었다. 저녁 무렵 혼자 걷는 길이 멀지 않은데도 지루한 듯, 돌멩이를 이리저리 차다가 아카시아 잎사귀를 손으로 훑기도 하고 풀숲의 메뚜기도 쫓아가며, 저녁 식사 준비에 너무 늦지 않을 정도로만 갔다. 굴뚝 위로 저녁 짓는 냄새가 올라오는 길을 따라 넘어지면 다시 털고 일어나서 노래와 함께 씽씽 달렸다. 비지찌개 아니면 싸리버섯 그득한, 반들거리는 고추기름 둥둥 뜨는, 찌개가 눈앞에 있었기에 행복했다. 조기 유학 온 나와 언니의 주제인 가난과 불평등에 대한 사유思惟는 어머니의 밥을 못 먹는 빈곤에서 기인했다.

오로지 자신의 결핍에 집착한 지금까지의 나의 생각은 나와 다른 기대와 꿈을 지닌 큰언니의 무거운 어깨와 결핍의 마음에 대해 무심하였음을 깨달으며 시작했다. 그동안 큰언니가 시간 내어 줄줄이사탕 같은 동생들을 챙기기 힘듦을 알지 못했다. 고대하던 만나기로 한 날엔 작은언니와 나는 여유 있게 사시는 큰언니의 베풂에 대한 기대를 가득 안고 나갔고, 모두가 아끼던 시절 일방적으로 사주기만 하고 되돌려받기에는 요원한 두 어린 동생에게 큰

언니가 부모 대신 해줄 수 있는 최선이었음에도, 헤어질 때 우리는 늘 불만족했다. 더욱이 열심히 공부하라는 변함없는 당부는 부담스러웠다. 큰언니가 사주신 마른 반찬거리들에 대한 감사를 잊고 더 큰 것을 바라는 마음이 항상 있었기에, 객지에서 공부하느라 애쓰고 있으니 영양과 건강을 챙기라는 당부가 그리웠다. 숙소에 와서 옆집에서 풍겨 나오는 고깃국 냄새는 우리를 말 못 할 슬픔으로 채웠다.

그동안 사랑과 이해가 현저하게 떨어졌던 나는 이 계절이 주는 축복을 맘껏 누리면서, 맏이로서의 큰언니의 삶에 대해, 나와 다른 아픔과 격동의 시기에 대해 눈을 뜬다. 일제강점기 일본에서 태어나서 유치원에 다닐 때의 일화와 언니 사진, 해방된 후 비단에 싸여 한국으로 왔던 언니가 6·25전쟁으로 시골로 피난 가기 전 아현동 모 초등학교에서 달리기도 일등 해서 아버지의 자랑이고 사랑이었던 모습 뒤에는, 전쟁과 배고픔과 가난과 이별의 아픔으로 얼룩진 나라의 현실이 있었다. 예쁜 언니가 의상학과를 다니며 의상발표회 때 입을 옷이 문제일 때, 엄마는 동생들 학비 걱정만 하셨고 어린 나는 이불 속에 얼굴을 파묻고 속으로 엄마 역성만 들었다. 부부 교사였던 큰언니는 세 아들을 봐주시는 시부모님과 함께하는 맏며느리로서도 의연毅然했다. 그렇게 당당했던 언니도 세월 앞에는 무기력하고 누구나 경험하는 노후를 겪고 계시다. 언니의 외로움에 대해 생각해 본다.

지금까지 살아오면서 미처 생각지 못했던 다양한 사람들의 입장과 그들의 외로움에 대한 무지, 내 생각의 부족에 대한 아쉬움은 사랑의 시작이 될까. 자신의 결핍에만 집중된 내 생각의 오류는 변화될 수 있는 것일까. 창밖에는 가을바람에 감이 영글어가는 소리가 들린다. 소슬바람을 맞으며 나의 생각이 여물기를 기대해 본다.

정안나 ohjeong10@naver.com
충남 청양 출생. 2024년 《창조문예》 시로 등단. 시집 『발길따라 흙길따라』. 창조문인협회 회원. 한국기독교문인협회 회원.

3부 끝없는 사랑

'맛보기'의 중독

김상곤

어느 모임에서 중독에 관한 이야기를 물어 왔다.

"중독은 원죄로부터 온다"라고 말할 때,

"그렇습니까? 그 말씀 저는 처음 듣습니다."

60대의 중진 목사 한 분이 말한다.

그도 놀랐으나 나도 놀랐다.

중독은 독립적 질병이 아니다. 어느 매개체를 통해 생긴 질병이다.

죄가 에덴동산에 들어온 것은 아담을 통해서다. 또 원죄가 생긴 것은 아담의 선악과를 따먹은 하나님께 대한 불순종에서 생긴 것이다.

'보암직하고 먹음직스러웠던' 그 선악과…….

그 이후 아담 후손들의 눈에는 세상의 것이 다 보암직도 하고 먹음직스러운 것으로 보였다.

시각과 미각이 중요하다. 시각을 통해 미각이 움직인다. 눈으로 봄으로써 맛에 느낌이 오고, 이젠 그것을 소유하기 위한 발동이 일어난다.

아담이 선악과를 '맛보기' 정도로만 알았을는지도 모른다. 그 '맛보기'가 누구나 세상에 나올 때 원죄를 지니고 나오게 했다. 아담의 '맛보기'의 한 번 실수로 온 인류가 죄인으로 살게 된 것이다.

'맛보기'의 심리는 탐심이다. 허술한 '맛보기'가 엄청난 결과로 나타났으니 그것이 '탐심'이다. 성경에 '탐심'은 악하고 범죄의 개념으로 쓰인다.

"탐심은 우상숭배니라"(골 3:5)

하나님보다 더 사랑하는 것은 무엇이나 우상이다.

하찮은 것이라도 우상이다.

아담이 먹지 말라는 하나님 말씀보다 선악과를 더 좋아한 이후 모든 후손은 계속 아담처럼 더 좋아한다.

세상의 모든 죄는 '맛보기'로부터 시작된다.

술 한 잔이나 담배 한 개비가 뭐 그리 대단한 것인가? 안 먹어도 없어도 살아가는 데 하등의 지장이 없다. 하지만 사람들은 없으면 못 살아 안달이다.

중독은 하찮은 실수와 판단에서 시작된다.

상담을 해 보면 중독되기 위해 술을 마시고 담배를 피우기 시작했단 사람 아직껏 보지 못했다.

아버지가 술 취해 엄마와 어린 자식들에게 폭력을 행할 때, 아버지에 대한 보복심으로 자기도 술을 마시기 시작했다는 사람이 있다.

그 사람 지금 한없이 후회만 할 뿐 중독에서 헤어나지 못하고 있다.

담배도 술도 별로 좋아하지 않는 60대의 섹스(Sex) 중독자가 있다. 결혼을 할 수 없다고 말한다. 그 이유는 결혼해도 닷새를 못 참고 다른 여자를 찾아가야 하기 때문이다. 이 말은 섹스 중독자 본인의 말이다.

모든 죄가 '맛보기'에서 오듯 모든 중독도 '맛보기'로부터 시작된다.

맛 좋다고 '맛보기' 조심할 일이다.

어렸을 적에 엿장수가 준 '쬐고만한' 맛보기 엿에 홀려 낫이나 쇠스랑 등 아직도 쓸 만한 쇠붙이와 신고 다니는 고무신을 일부러 찢어 갖다주고 엿을 사 먹고 얼마나 혼이 났었는지…….

먹을 때는 좋았지만 먹고 나서가 문제였다. 모든 중독도 마찬가지다.

처음이 중요하고 시작이 중요하다.

중독은 습관이다. 계속되는 학습에서 중독에 이른다. 우리의 삶은 계속되는 학습이다.

따라서 사람은 무엇엔가 중독되어 있다.

중독되어야 산다. 노숙자도 아무나 노숙자가 되지 못한다.

노숙, 그 자체가 중독이니까……. 보통 정신으로 누가 20~30년 동안 노숙자 생활을 할 수 있을까?

아무나 중독자로 태어나지 않지만,

누구나 중독자가 될 수 있다.

김상곤 rev_kimsg@naver.com

1997년 《창조문예》 시로 등단. 시집 『새벽을 여는 노래』, 『내게도 봄은 있었다』, 『갈대의 함성』. 저서 『알콜 중독 그 예방과 치유』. 창조문인협회 제9대 회장 역임. 한국상담문화원장, 중독상담치료사. 미국RAS(Registered Addiction Specialist) 정회원.

마이 하비 이즈

남금희

중학교 영어 시간에 낭랑하게 익혔던 복창의 첫 구절이다. “내 취미는 우표 모으기입니다”라는 문장이 예문으로 제시되었던 기억이 난다. 60년대나 70년대에 중고교를 다닌 이들에게 몸에 밴 생활 신조는 단연 근검절약일 것이다. 경제개발 5개년 계획이 계속되고 있었고 교육계도 그 시대 요구에 걸맞은 교육 방침을 시행하고 있었을 테니까 말이다.

초등학교 여름방학 과제 중 하나는 ‘상표 모으기’였다. 제품에 붙은 종이 상표를 잘 뜯고 풀로 붙여서 스크랩북 한 권을 만드는 일이었다. 대청마루에 앉아 선풍기 바람에 그 상표들이 날아가지 않게 발로 누르며, 여기저기 적당한 위치를 골라 소위 디스플레이 하는 일에 몰두했다. 그 사소한 기억이 남아 있는 걸 보면 ‘모으기’라는 행위에 내가 특별한 의미를 부여했나 보다. 벽신문 제작이나 신문의 특정 기사로 모음집 만들기는 오늘날 학생들이 수행해야 하는 포트폴리오 과제처럼 중요한 일이었다. 열심히 자료를 오려 붙이고 설명을 달아 과제를 제출했다. 아마도 "참 잘했어요"에 해당하는 점수를 받았으리라. 돌려받은 과제는 책상 서랍에 고이 모셔두었다. 그걸 그대로 버리는 일은 상상도 할 수 없었다. 어쩌다 멋진 학용품이 생기면 뜯어서 쓰기보다는 일단 모아두곤 했다. 새롭고 이쁜 물건들을 많이 간직하고 있다는 기쁨, 한 번씩 그 보물 상자를 열어보는 뿌듯함. 요즘으로 치자면 게임을 잘해서 자신의 등급이 높아지는 일에 자부심을 갖는 것과 마찬가지였다. 그 후 시간에 쫓겨 살았을까? 그 물건들은 보관용 박스에서 차차 베란다 선반 위로, 몇 번의 이사 후에는 버리기 아까운 탈색된 상자 안에 머물게 되었다.

나는 지금 이러한 옛 습관을 못 버려 뼈아프게 반성하고 있다. 그동안 고된 직장 생활에 집안을 잘 돌보지 못했다. 아침밥 급히 먹고 일터에 나가고 퇴근 후에는 아이들과 씨름하며 잠들고 하던 와중에, 층층이 물건들이 쌓이는 줄 몰랐다. 늘 쓰던 용품은 손에 익숙해서 계속 쓰지만, 그래도 새롭고 상큼한 제품을 보면 구매 욕구가 생기곤 했다. 소장 가치가 뛰어난 그림이나 명품은 아니다. 그저 마음을 끄는 물건이기에 곁에 두고 싶다는 욕구였다. 언젠가 잘 활용하리라는 꿈과 욕망 사이에서 그것들은 장롱이나 서랍 안에서 뒤로 자꾸 밀려났다. 세월이 그 물건의 존재 자체를 잊게 했다.

퇴직 5년 차, 그러했던 기대와 미련에서 깨어날 때가 되었나 보다. 옷장과 부엌 싱크대를 열어 물건을 꺼내니, 눈앞이 아찔할 정도였다. 미개봉 제품이나 '원 플러스 원' 행사같이 곁다리로 사 모은 것들도 많았다. 핸드폰 하나만 들고 있으면 각종 정보와 편의 기능을 이용할 수 있는 요즘, 나는 고물상 가게 주인처럼 살아온 것이 분명했다. 모든 게 클라우드(cloud)에 저장되는 시대가 아닌가. 유에스비(usb)보다 더 안전하다고 하는 저 뜬구름 속에 인류 모든 삶의 행적을 집어넣을 수 있는데 말이다.

그러니 참으로 변명의 여지가 없는 것이다. 작심하고, 나는 마치 이사 가는 사람처럼 집안 물건을 비워냈다. 바자회로 교회로, 나눌 수 있는 것은 그나마 다행이었다. 흘러간 세월 무게만큼 모아둔 것이 죄라는 생각이 들었다. 읽지 못한 책들은 미련이 남았지만 눈 질끈 감고 내다 버렸다. 생전에 하는 유품 정리가 이런 것일까, 구시렁대며 나를 질책했다. 남들 보기엔 별 소용없는 물건 같아도 나만의 추억이 서려 있기는 하지만 그래도 버리는 미덕과 무소유를 생각해야 했다.

이런 때 신체 나이를 의식하는 것도 한 방법이 되었다. 몇 가지 약 복용하는 일조차 깜빡 잊어버리는 인지능력 말이다. 친구 이름도 기억나지 않고 자주 물건을 떨어뜨린다. 뉴스를 접하면 위기에 빠진 세상이 두렵고 하루에 한 가지 일만 신경 써도 금세 저녁이 된다. 세 끼 식사 챙기는 일이 주된 일과가 되었고 잠을 잘 자야 내일 일에 지장이 없다고 몸이 시키는 대로 일찍 눕는다. 그러므로 이제 나는 생활 경영에서 은퇴가 필요한 것이다. 이 사실을 깨달은 것에 감사하며 현실을 수긍하기로 한다. 오늘 내가 알고 있는 사람들에게 더 친절해야겠다. 그동안 내가 먹거나 버린 음식은 트럭

분량으로 몇천 대나 됐을 것이다. 또 말로 뱉은 수다는 지구 한 바퀴보다 길었을 것이다. 약간의 지식을 가졌다고 세상을 비판하고 젊은이들을 다그친 일은 얼마나 많았을까. 성경에서 너희는 너무 선생이 되지 말라고 한 구절(약 3:1)을 접했을 때는 한탄이 절로 나왔다. 나 같은 것이, 정말이지 너무 함부로 산 것 같아 미안하고 부끄럽다.

라디오를 들고 조용히 뒷방으로 가야 할까? 어제를 망각하는 와중에도 살아남은 기억이 있다면 그걸 부여잡고 음미하면서 말이다. 기도와 침묵 외에는 나서지 말 것. 감사로 사랑의 안부를 물을 것. 가난하게 여위어 갈 것. 다짐하며 실천해야 하는 일이 남은 몫이리라. 두렵고 떨리지만 지금 이 시절도 내 인생의 한 부분인 것이다.

남금희 namkumhee@hanmail.net
1996년 《문학세계》 시로 등단, 2000년 《한국기독공보》 신춘문예 시 당선, 2004년 《창조문예》 시로 등단. 시집 『외다리 물새처럼』, 『사흘 길 침묵』, 『맡겨진 선물』, 『구름의 박물관』. 논저 『현대문학과 기독교 세계관』 외. 이대동창문학상, 아름다운문학상(《창조문예》 주관), 기독시문학 작품상 수상 외.

환희의 여정

최건차

그해 내 생일은 감개무량하고 가슴 벅찬 환희의 날이었다.

미 8군 카투사로 의정부에서 군 복무하던 1965년 2월 그날 아침은 몹시 추웠지만, 청명했고, 음력으로 정월 스무하루 내가 일본에서 태어난 날이었다. 부모님과 형 누나 동생들이 사는 삼양동 집에 들러볼 참으로 전날 3일간의 생일 휴가를 받았다. 아침을 먹으려고 식당에 들어서니 무슨 잔치나 행사가 있는 것처럼 화려하게 꾸며져 있다. 크리스마스 때와 좋은 날에나 먹는 칠면조 통구이와 쿠키며 특별한 요리들이 준비돼 있었다.

오늘은 내 생일인데 이게 어떻게 된 거냐며 취사반장 중사에게 넌지시 물어봤다. 그는 싱글벙글 웃으면서 “우리의 친애하는 Choi와 함께 오늘이 미합중국의 초대 대통령 조지 워싱턴의 탄신을 기념

하는 국경일이에요. 그대는 특별히 선택받은 행운아"라며 축하해 주었다. 그때 나는 스텝 사전트(Staff Sergeant, 下士)였기에 하사관 전용 식당에서 웨이트리스에게 음식을 주문해서 가져다주는 대로 격식을 차려 먹고 있었다. 오늘도 경외하고 의지하는 하나님께 감사를 드리며 감격스러운 심정이라 흥분된 기분이다. 식탁에 앉아 있으니 우리 테이블을 맡은 웨이트리스 미스 박이 금방 다가와 반갑게 맞으며 "오늘은 미국의 국경일입니다. 싸진 초이께서도 즐겁고 좋은 하루가 되세요"라고 인사를 건네고 어떻게 드시겠느냐며 메뉴를 내민다. 나는 그녀에게 오늘이 내 생일이라는 것을 밝히지 않고 그냥 맛있게 먹기로 했다. 아침이라 에그프라이와 빵을 기본으로 칠면조 고기와 쿠키 등을 두 개의 접시에 가득 담아다 주었다.

미군 부대에서 맞는 나의 스물네 번째 생일이 무척 감격스러워 가슴이 뭉클했다. 미국이 차려준 것 같은 생일상을 받았지만, 호적에는 내 생일이 5개월이 늦은 양력 7월 22일 자로 되어있었다. 일본에서는 태어난 연월일을 그 날짜대로 출생 신고하는데 왜 이렇게 늦어졌는지를 어머니께 여쭈어보고 뜻밖에 사실을 알게 되었다. 내가 태어났던 1941년 2월은 엄청 추웠고 악성 유행성 독감이 나돌아 영아들의 목숨이 파리 목숨처럼이었다. 나 역시 태어난 7일 만에 독감에 잡혀 엄마의 젖을 빨지 못하고 곧 죽을 것처럼이어서 출생 신고를 할 수가 없었다고 하셨다. 어머니는 숨이 떨어지면 하는 수 없이 산에 묻으려고 다다미방 윗목에 포대기째로 놔두고 지켜봐야 했다.

형과 누나 다음으로 내가 태어났다. 형과 누나는 두 살 터울인데 나는 누나와 네 살 터울이고, 내 아래 누이동생과도 두 살 터울이었다. 나보다 먼저 누나와 두 살 터울로 태어난 아기가 그때도 유행성 독감에 걸려 죽고, 2년 후에 내가 다시 태어난 것이다. 어머니는 이번 아기도 행여 잃게 될까 봐 안타까운 심정으로 보살피는데, 아기가 젖을 전혀 빨지 못해서 입안에 조금씩 흘려서 넣어주었다. 겨우 숨이 붙어있는 것 같아 지켜보는데 잠자는 것같이 하루하루가 지나고 있었다. 그리하여 일반적인 상식으로는 이해가 안 될 만큼 4개월이 흘렀다. 5개월이 다 되어가는 어느 날, 내가 기적적으로 꼼지락거려 어머니가 젖을 물려주니 조금씩 빨기 시작했다고 한다. 그렇게 되면서 점점 회복되어 새로 태어난 것처럼이어서 출생 신고를 하게 된 날이 1941년 7월 그날이었다. 정확하게 5개월 동안을 잠자는 것처럼이었다가 깨어나게 된 것이다.

새로 태어난 것 같은 아기는 어머니의 젖을 연신 빨면서 잘 자고 밥도 잘 먹었다. 두 돌이 지나면서부터는 또래들보다 더 건강하게 키도 크고 몸집도 튼튼하게 자라며 식탐이 많았다. 날이 갈수록 장난이 심해져 유아 시절에도 이런저런 사고로 죽을 고비를 여러 차례 넘기며 무럭무럭 자랐다. 그런 나는 일본에서 살 때 교토 작은 외할아버지 댁에서 변을 보러 실내 변소에 갔다가 거꾸로 처박혀 참변을 당할 뻔도 했다. 해방 후 조선에 나와 탐진강 상류의 물가에서 살던 유년 시절에는 물놀이를 좋아하다가 큰물에 빠져 여러 번 죽을 고비를 넘겼다. 또 6·25 전후에는 빨치산 해방 지구의 공산 치하에서 그들이 시키는 대로 소년단원이 되어 연락병으로 활동하다가 군경 토벌대의 총에 맞을 뻔했고, 역병에 걸려서도 두 번에 걸쳐 거의 죽었다가 살아났다.

내 삶은 태어나면서부터 늘 죽음의 그림자가 드리우는 여정이었지만, 전능하신 하나님의 긍휼로 팔순을 넘겨 달리고 있다. 그간 몰랐던 영아 시절의 비밀스러운 5개월과 죽을 고비를 숱하게 넘기며 위태롭게 보낸 유년 시절, 여러 번 사선을 넘나들면서 기구하게 살아온 생애였다. 십 대를 마감하는 1960년 일찍 군대에 입대하였는데 폭력이 난무하는 열악한 내무반 생활에 적응하지 못해 탈영을 시도하며 고통을 많이 겪기도 했다. 그러나 하사 때 주경야독으로 영어를 열심히 공부하여 카투사로 가게 되었고, 미군들과 생활하면서 지난날의 고난에 대한 보상을 넘치도록 받게 되었다.

카투사 생활이 끝나고 한국군에 복귀할 시점에 이르렀을 때였다. 또 한 번 기회가 주어져 광주 육군보병학교에서 간부 교육을 받고 육군 소위로 임관했다. 1968년 1·21사태 시에는 전방 5분 대기 전투소대장으로 임무를 잘 마치고, 다시 베트남전에 참전한 후 귀국하여 육군 선박 중대를 창설하고 군을 떠났다. 1975년 4월 15일 예비군 창설 7주년을 맞아 부산시 최우수 직장예비군 중대장이 되어 청와대에 들어가 박정희 대통령을 알현하고서 대통령과 마주 앉아 차를 마시며 대화를 했다. 이어서 KBS TV에 출연하여 20분간 국방과 안보에 관한 내 소견을 미국 제39대 대통령 카터의 연설문

"변천하는 시대에 적응해야 하지만 불변의 원칙은 고수해야 한다" 라는 말을 인용하여 생방송으로 설파한 결과 대박이 나 직장 〈태창목재〉와 부산의 명사가 되었다.

지금껏 받은 영광을 하나님께 감사드리며 신앙생활을 더 잘하려다 목사가 되었다. 40여 년간 목회하는 중에 경기 노회장과 수원 경목 위원장 등을 역임하면서 정년으로 은퇴했다. 지금은 먼저 천국에 간 아내를 그리며 기도하는 팔십 대의 등반가이다.

최건차 ckc1074@daum.net

2005년 《창조문예》 수필로 등단. 저서 『진실의 입』, 『산을 품다』 외 공저 다수. 한국수필가협회 이사. 베트남전 참전 국가유공자, 예비역 육군 대위. 한크협 중앙위원.

뒤돌아봐야만 보이는 것들

김지인

인간의 한 세대를 30년으로 계산한다는 말이 있다. 그렇게 따지면 나는 두 세대 치를 넘기고 있는 육십이 넘어선 나이이다. 딸 셋을 두고 있는 나는 이제 성년이 된 딸들의 나이에 내 어머니의 딸로서 했던 생각들을 떠올려 본다. 더하여 이제는 그런 생각과 행동들을 했던 나를 딸로 두셨던 어머니의 나이가 되어있는 것이다.

사람은 배움과 이해를 넘어서 반드시 그 나이가 되어서야 깨닫는 부분들이 있는 것 같다. 그리고 그것을 깊이 체감할 수 있는 것이 부모와 자녀의 관계인 것 같다. 그 나이의 엄마가 되어 본 이제서야 깨달았지만 돌이킬 수 없는 후회와 아쉬움들이 있다. 하지만 이미 세상을 떠나신 엄마 앞에서는 무지한 딸의 어리석은 행동들이 후회와 아쉬움을 지나 죄가 되어있을 뿐이다. 성경에 인간은 모두 죄인이라고 쓰여 있듯이, 어머니에 대한 나의 지난날의 언행

들과 청산할 기회가 상실된 돌아가신 어머니의 부재 속에서, 나는 그 말씀의 증인으로 서 있을 뿐이다.

어쩌면 세 딸들도 후에 지금의 내 나이가 되었을 때 이미 곁에 없는 나로 인해 지금의 나처럼 예수 그리스도 앞에서의 회개와 용서받음 외에는 돌이킬 길이 없는 죄인인 자식으로 남을지도 모르겠다. 인간이 죄인이라는 말을 다른 것을 통해 깨닫지 않아도 부모와 자식 간의 관계를 통해서만도 인간은 자신이 죄인임을 자각하며 그렇게 세대가 흘러가는 것일지도 모른다.

감사하게도 세 딸들은 당시의 나보다는 스마트해－엄마 눈에 그렇게 보이고 또 그렇게 보이기를 바라는 것이겠지만－보인다. 하지만 지식이나 배움이나 이해도를 넘어 아직 내 연령대가 되지 않았기에 이삼십 대에는 모르는 것들이 있다. 예전의 어머니 앞의 나처럼 말이다. 세 아이들도 지금의 내 나이가 되면 자신의 자녀들 앞에서 지금의 나와 같은 생각을 할지도 모른다.

나이가 들수록 어머니와 함께한 시간들은 멀어져 가는데 어머니의 생각은 더 짙어져 간다. 한 인간으로서 딸이라는 이름에서 차츰 어머니라는 이름으로 옮겨가는 동병상련의 이유도 있을 것이다. 어머니는 만날 수 없지만, 어머니의 가르침들이 나이가 들수록 인생의 모든 부분에서 간격을 좁혀가며 더욱 세미하게 들려온다. 인생의 모퉁이마다, 삶의 순간순간마다,

'그래, 엄마가 그렇게 말했지!'

'그래, 엄마가 이렇게 했었어'라며 나이의 걸음을 옮겨가고 있다.

그토록 사랑한 엄마, 그토록 미안한 엄마, 그토록 고마운 엄마는 내게 무엇을 가르쳐 주고 가신 걸까? 그것을 이루 다 말할 수 없다. 나의 세포 수만큼 체질을 이루고 있는 것일 테니까.

그럼에도 지난 한 일화를 통해 어머니가 어떤 분이셨는지를 나타냄으로, 딸들에게는 어머니의 어머니 이야기를 그리고 나도 딸로서 우리 엄마의 이야기를 해 주고 싶다.

교육을 중시했던 어머니는 시골에서 위의 두 언니들과 오빠를 서울로 데리고 와서 학교를 보내셨다. 아버지와 4년간 시골에 남아 있던 막내인 나도 학령기가 되자 서울로 데리고 올라와 당시 혜화국민학교에 보내졌다. 나는 어릴 때 주일날 물건을 사지 못하게 하는 고신 측 교파의 교회를 다녔다. 그리고 주일 예배는 오전과 오후로 나누어 두 번을 드려야 했다. 그날도 추운 겨울날 바로 위의 언니와 오후 예배를 마치고 어스름 저녁에 혜화동 로터리의 건널목을 건너기 위해 신호등을 기다리고 있었다. 건널목 옆에는 불을 밝히기 시작한 리어카에서 땅콩을 수북이 쌓아 놓고 팔았다. 춥고 어스름해 가는 겨울 저녁에 지치고 배고픈 우리에게 연기를 내며 타오르는 불꽃 아래 수북이 쌓인 땅콩은 군고구마나 군밤 냄새와 함께 큰 유혹이었던 것 같다. 나는 신호를 기다리다 초록 불로 바뀌자 우르르 몰려가는 행인들 사이에서 땅콩 한 알을 쥐도 새도 모르게 집어 들었다. 땅콩 장사 아저씨를 뒤로하고 아직도 횡단보도를 건너고 있는 행인들 사이에서 언니에게 나의 날렵함을 자랑하며 반쪽씩 기분 좋게 나누어 먹으며 집으로 왔다. 그리고는 그 영웅적인 행동을 자랑스럽게 떠들어댔다. 다 들으신 어머니는 얼마간 시간이 지난 후 내게 조용히 땅콩 한 알을 집었느냐고 물으셨다. 그렇다고 하니 리어카가 있던 정확한 위치도 물으셨다. 나는 설명을 해드리고 왜 그러냐고 물었다. 어머니는 그 아저씨에게 5원을 갚아 주겠다고 하셨다. 나는 의외의 말에 너무 창피한 생각이 들어 긁어 부스럼 만들지 말라는 식으로 어린 나이지만 펄펄 뛰었다. 어머니는 아무 반응이 없으셨고 그날 그 일은 그렇게 가라앉았다. 그런 지 2~3일 후였던 것 같다. 어머니는 내게 와서 그 아저씨에게 5원을 가져다주고 오셨다고 말했다. 어머니의 성품을 볼 때 그렇다면 그런 분이셨다. 어머니는 그 일로 내게 야단을 치지도 옳고 그름을 가르치지도 않으셨다. 하지만 이 사건은 내 뼈에까지 스며들어 있음을 지금도 느끼고 있다. 그 후로 나는 혹여 거스름돈이 더 오면 돌려주는 사람이 되어있었다.

어머니의 헌신과 정성으로 나는 어머니보다 더 고학력자가 되었다. 그래서 그런지 자녀들을 적극 지지하고 인정해 주시던 어머니에 비해 아는 것도 많다며 툭하면 자녀들을 성급하게 가르치려고 들었던 것 같다. 하지만 세 딸들이 성인이 되면서 이러한 것에 대한 부작용이라 여겨지는 것과 맞닥뜨리게도 되었다.

어머니의 바람대로 학벌과 지식은 어머니보다 많다지만 어머니의 사랑과 지혜는 따라가지 못하는 것 같다. 그렇다. 세상은 지식도 편리함도 점점 늘어가고 이와 맞물려 모든 것은 신속히 지나가고 변해 간다. 그래서 지식과 삶의 편리성은 어머니나 어머니의 시대보다 월등하다고 볼 수 있다. 그러나 반드시 알고 배워야 하지만 결코 가르칠 수 없는 것도 있음을, 또한 지식과 편리함을 넘어 세대를 관통하는 지혜도 있음을 마주치게 된다.

어머니의 사랑과 지혜는 늘 내 존재를 가르치셨고, 뒤돌아보니 남고 새겨진 것은 그러한 어머니의 존재를 존경하고 사랑하는 삶의 형적形迹이다. 어머니와 함께한 시간들이 인생의 깊은 감사로 내려앉아 있다.

자녀들은 부모의 세대보다 더 많고 새로운 것을 배워간다. 그럼에도 불구하고 언젠가는 얻게 되고 얻어야 할 세대를 관통하는 인생과 삶의 유업이 있다면, 자신과 주변 사람을 사랑하고 사랑을 나누며 살 수 있는 존재 자체가 아닐까 싶다. 나도 할 수만 있다면 내 자녀들에게 그러한 지혜와 사랑을 전수하고 또 그 유업이 이어지는 자녀들이었으면 좋겠다. 지금의 나와 내 어머니처럼 비록 곁에 없어도 자신들의 지금이 있게 한 어머니의 지혜와 사랑을 감사하며 그리워하는 존재인 자녀, 그리고 그런 어머니의 존재가 되어 있는 나 자신이라면 인생의 행복을 증명받은 것 아닐까 여겨진다.

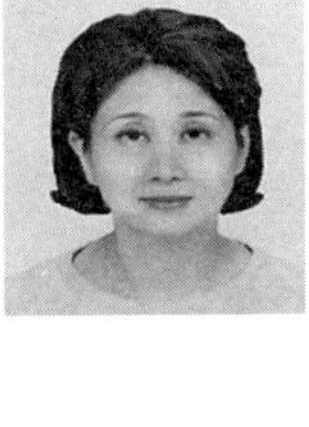

김지인 joyhana6939@hanmail.net
2006년 《창조문예》 시로 등단. 저서 『당신은 어디 계십니까』. 창조문인협회 회원.

풀들의 전쟁

김창수

개천의 언덕바지는 풀들의 전장戰場이다.

사시사철 물이 마르지 않고 남향받이에다 거친 바람을 막는 둔덕은 모든 풀들이 탐을 내는 요지이다.

이곳에 세 군의 풀 종족이 치열하게 영토 전쟁을 몇 해째 계속하고 있다. 외떡잎 종족은 갈대를 왕으로 옹립하고 물억새와 띠풀은 군대 장관이며 강아지풀, 둑새풀, 수크령, 바랭이, 피들이 부족집단을 이룬다.

쌍떡잎 종족은 환삼덩굴과 칡이 이원집정제를 갖추고 쑥, 개망초, 여귀, 토끼풀, 민들레, 질경이, 달맞이꽃, 메꽃, 쑥부쟁이, 깨풀 따위의 소부족들을 거느린다.

외래 종족은 갈대 왕의 외국 용병으로서 가시박과 단풍돼지풀이 기세를 떨치고 있다. 그들은 아이러니하게도 쌍떡잎 종족의 족보를 가진 유랑자들이다.

6월까지는 쌍떡잎 종족이 왕성한 탄소동화와 햇볕의 지원을 받으며 승기를 잡는 듯했다. 각색 꽃들이 여기저기 피어나고 잎들은 자르르 윤기가 흘렀다. 7월 우기가 시작되면서 전세는 역전되었다. 갈대, 억새와 띠풀의 잎들이 날카로워지고 억센 줄기가 치솟으며 햇볕을 독차지했다. 쌍떡잎 병사들이 사기를 잃으며 죽기 시작했다. 칡과 환삼덩굴은 근처의 떨기나무에 피신하며 생명을 부지하였다. 외떡잎 종족은 외래 종족과 합동으로 쌍떡잎 종족을 고사시키는 작전을 폈다. 가시박의 덩굴과 잎들이 떨기나무들을 완전히 덮어버리고 피신한 쌍떡잎 두 우두머리도 살해하였다. 단풍돼지풀의 넓은 잎들과 큰 키로 나머지 쌍떡잎 종족을 거의 전멸시켰다.

다만 갓털*을 가진 민들레 가족들은 영토 밖으로 뿔뿔이 흩어졌다. 토끼풀은 외곽 구석진 곳에서 남몰래 늦은 꽃을 피운다. 달맞이꽃 한 그루가 갈대의 칼날을 용케도 피하며 노란 꽃봉오리를 올리고 있다.

오늘 밤에 피운 꽃들을 보름달에 바치고 떠날 채비를 할 것 같다. 쌍떡잎 종족의 남은 자 중의 하나인 쑥부쟁이 몇 그루가 올가을까지 버텨줄지 모르겠다. 갈대 왕이 영토를 평정한 가운데 은빛나라, 새로운 시대를 열었다. 개개비새를 비롯한 몇몇 새들에게도 문호를 개방할 예정이다.

통일기념일로 정한 바람 드센 가을날, 은색 창과 칼들을 들어

올리며 갈대 왕 만세를 연호하는 소리로 개천 둑방은 들끓을 것이다.

* 민들레 씨앗에 붙어있는 하얀 솜털.

김창수 csbluechip9826@gmail.com
1954년 충남 서산 출생. 2008년 《창조문예》 시로 등단. 시집 『성령시집』, 『가을 한 보따리』, 『잃어버린 하나』.

은혜의 우산

김국애

새벽부터 장대비가 내린다.

서두르다가 우산도 못 챙긴 채 종이 백을 들고 우두커니 서 있다. 우의를 입고 촘촘히 걷는 이들이 부러워 교회 현관에서 안절부절못하다가 문득 인도네시아 자카르타에 살던 때가 생각났다. 아열대의 인도네시아 너무나도 따가운 햇볕, 진종일 더위가 계속되다가 눈부신 햇살 뒤에서 잠시 회색 구름이 일어나면서 천둥 벼락과 함께 비가 쏟아지곤 했다. 그런 날이면 우리 가족은 모두 달려나와 두 팔 벌려 비를 반겼다. 빗줄기가 조국의 소식을 싣고 오는 것처럼, 태평양을 건너다 행여 고국의 안부가 끊길까 봐! 상상의 날개를 펴던 날들, 삶의 훈련장이었던 그곳의 생활은 외롭고 지루했지만 감사한 날들도 많았다.

우리 가족 중에 더위를 못 참는 체질의 주인공이 남편이다. 더위는 사람을 무능하고 나른하게 만든다. 남편은 삼십 대에 사우디에서 1년 동안 중간 휴가 없이 낮에는 강렬한 태양빛을 견디며 밤에는 모래바람과 사막의 추위와 모진 더위를 견디며 지냈다. 밤이면 모래바람 소리 속에서 사막의 밤에는 천 개의 눈이 있다는 등, 어린 시절 아라비안나이트 동화를 연상시키는 남편의 젊은 날 일터였다.

지금 그곳이 왜 이토록 그리울까? 으르렁 쾅쾅 천둥·번개 소리도 한순간에 시치미를 딱 떼고 아무 일 없었다는 듯이 햇볕이 쨍쨍 내리쬐던 자카르타 번둥안 힐히르 은암 은밧이 생각난다. 가슴이 푹 젖어 드는 그리움, 노적처럼 쌓인 추억 갈피를 열고 나니 시멘트 바닥 위를 스쳐 가는 물소리가 도란도란 사랑의 멜로디로 다시 들려온다.

지구의 기후변화로 세계를 경악시키는 쓰나미가 여러 모습으로 여기저기서 일어난다. 온갖 재난으로 인명을 앗아가고 우리에게 주어진 삶에 평온은 언제까지 우리 곁에 머물지, 불확실한 미래를 살고 있다. 비가 내리지 않으면 저수지에 물이 고일 수 없으니 그저 자연이 공급해 주는 혜택을 값없이 누리면서도 우리는 그것을 자주 망각한다.

고요한 이슬비와 봄에는 촉촉한 봄비, 여름에는 소낙비로 열매를 씻고 단단히 여물도록 마지막 불볕으로 마무리를 도우시는 신의 섭리……. 창조주의 뜻이 만천하에 드러나는 가을 추수의 벅찬 감사를 무엇으로 다 표현하랴!!

오색 낙엽을 만들어내는 비가 어느 날 단절되고 성경에 쓰인 대로 이스라엘의 선지자 엘리야가 기도했더니 3년 6개월 비가 오지 않았다는 기록이 있다. 그때 그 백성들의 긴 고통을 생각해 보면 참으로 끔찍하다. 그 이후 엘리야의 간절한 기도 응답으로 다시 비가 내렸다는 성경 말씀이다. 그들이 얼마나 감격했을까. 모든 비가 다 좋은 결과를 만들어 주는 것은 아니지만 비가 얼마나 소중했는지, 1950년대를 살아온 기성세대들은 가뭄을 겪던 그때를 잊을 수 없을 것이다. 척박한 땅 위에 비가 내리기를 얼마나 애타게 기다렸을까? 그 간절한 마음들은 여러 모습으로 나타났다. 종종 하늘을 향해 기우제를 지내기도 한다.

누가 그들에게 무모한 짓이라고 비난하겠는가, 추수를 기다리는 모든 열매가 그들의 목숨이고 인생이며 보람이다. 어린 시절 할머니 따라 콩밭에 갈 때면 열린 콩이 채 여물기도 전에 가뭄에 못 이겨 거북이 등처럼 쩍쩍 갈라진 콩밭을 보며 목메던 할머니 얼굴이 아직 눈에 선하다. 물 없이 살 수 없는데 물은 곧 생명임을 알면서도 습관적으로 비가 지겹다느니, 이놈의 비가 그칠 줄 모른다느니, 하늘에 구멍이 났느냐, 날씨가 미쳤다고 거침없이 망발하기도 한다. 지각이 없는 어리석은 행동들이다. 도처에서 물 부족 현상이 늘어나는데 물값보다 기름값이 훨씬 싸다고 하면, 물 쓰듯 기름을 쓰고 살 수 있을까? 어이없는 일이다. 물 한 방울에 목숨 걸 날이 없어야 할 텐데 걱정이다. 우리가 물 마실 때마다 감동한다면 물에서 엔도르핀의 4천 배가 넘는 다이돌핀이라는 유전자가 생산된다는 것이다.

이런 일들이 모두 감사하는 우리 입의 습관에서 이뤄진다니 우리 모두 기적을 만드는 사람들이 되었으면 하는 간절한 바람이다.

메마른 가슴들이 푹 젖을 때까지 비가 오려는가 보다. 아직도 비가 내린다. 비만 오면 어린애처럼 좋아하던 남편과 42년을 살았으면서도 나 역시도 비가 오면 영업이 부진할 것에 염려부터 하는 내가 한심스럽기도 하다. 오랫동안 같은 일을 계속해 온 탓일까, 가끔 외부 모임에 나갔다가 갑자기 누가 부르지도 않았음에도 갑자기 조마조마해진다. 서로 헤어져 오는 길에 일행들 눈을 벗어난 후부터는 나도 모르게 뛰고 있다. 괜히 누가 내 뒤를 쫓아오기라도 하는 것처럼, 대낮에 마땅히 일터에 있어야 할 내가 놈팡이나 되는 것 같은 피해 의식에 휩싸이고 있는 나를 발견한다. 직원들은 동분서주 일하는 시간에 내가 주인이라고 '엄연한 근무 시간인데' 라고 자문자답하며 뛰어와 업소에 들어서면 그때 모든 불안이 일시에 사라진다. 이런 것이 직업병일 것이다. 이런 마음은 아직도 내게 남아 있다. 가난과 한숨을 멀리멀리 날려 보내주는 저 고마운 은혜의 비, 메마른 눈에는 참회의 눈물이 되기도 하고 외로운 자에게는 친구가 되는 비, 아직 비가 그치질 않아서 경비실을 기웃거린다.

"여기 우산 하나 있어요" 하는 것이다. "딱 하나 남았어요. 비닐백도 여기 있습니다."

종이 백마냥 부실한 내게 비 오는 날 우산이 되어준 손길, 생각해 보면 은혜의 빗줄기는 늘 그치지 않았다. 삶의 가파른 길목마다 내 손 잡아주던 그리운 얼굴들 어느 곳에서 다시 만날까? 나는 비 오는 날 누구의 어깨 위에 우산이 되어주었던가.

김국애 gukae8589@daum.net
2009년 《창조문예》 수필 부문 신인상으로 등단. 2018년 《인간과 문학》 시 부문 신인상으로 등단. 수필집 『길을 묻는 사람』. 《국민일보 더미션》 시 에세이 연재 중. BCW국제 미용기구 명예회장. 1968년 스위스 기능올림픽 한국 대표. 현대수필작가회 회원 및 운영위원. 현재 압구정 헤어포엠 대표.

유학 중인 딸에게 보내는 봄날 통신

이승필

공주, 잘 지내고 있니?

요즘은 메일이 좀체 안 오네.

바쁜 걸까, 아님 또 운남 C학교 컴퓨터 네트워크에 문제가 생긴 걸까?

월요일 본다던 중간고사는 잘 보았니?

시험이란 녀석은 항상 잘 보거나 잘 통과해야 해.

일생에 한 번 있는 것이 아니니까 일희일비할 필요까지는 없고…….

인생의 장대한 산을 오르자면 크고 작은 봉우리들을 많이 넘어야 하니까.

그때그때 즐길 줄도 알고 누릴 줄도 알고 그래야 한다.

매년 꽃이 만발한 4월은 그 꽃향기로 아빠의 마음을 취하게 하곤 했단다.

지난 4월도 형형색색 꽃들과 연하디연한 신록들 속에 아빠가 소년처럼 마음 앓이 했다면 믿어지니?

아빠는 사실 과중한 업무와 바쁜 스케줄 속에 경황이 없지만 그래도 봄의 왈츠 같은 계절의 행복한 사치(?)를 잠-시 누린 셈이었단다.

엄마는 "당신은 봄이면 봄, 가을이면 가을 다 그런다"고 투정(?)이었다만 봄의 왈츠, 여름 향기, 가을 동화, 겨울 연가, 드라마 제목마냥 계절마다 설렌단다. 그중 봄에 유독…….

이제 5월이구나.

새벽에 교회에 갔다.

아빠의 영혼과 사랑하는 사람들, 엄마와 너와 네 동생, 그리고 양가 가족, 知人들, 교회, 회사, 우리 시와 나라와 민족, 세계를 위해 기도했다.

근래 늘 그러했듯이 새벽기도회 후에 인근 초등학교 운동장으로 조깅을 갈까 하다가 오늘은 근로자의 날이라 곧장 사택 뒤 안심산으로 올라갔다.

그래도 매일 조깅을 한 덕분인지 간만에 오른 산길인데 힘들지는 않았다.

멀리 해무가 뿌옇게 낀 섬들과 봉우리들이 부웅 떠 있는 듯 보이더구나. 여수의 아름다운 모습을 또 하나 보았다.

곧장 30여 분 안심산 꼭대기에 올라 잠시 세상을 둘러보았다. 동, 서, 남, 북…….

맨손 체조로 몸을 좀 풀고, 몇몇 등산객들이 반대편 산길로 내려가기에 아빠도 여태 가보지 않은 그 길로 하산길을 택했다.

소제마을 뒤편 길이었지. 우와! 아침 이슬이 맺힌 풀잎들과 야생초와 땡감나무 연한 순이 얼마나 예뻤던지…….

새로운 길을 걷는 것은 늘 신선한 충격과 감동이 있다.

마른 갈대 줄기 사이로 심긴 어린 측백나무, 태곳적부터 거기 놓여 있었을 바위와 그 얼굴을 감아 올라가는 여린 마삭줄…….

중간 언덕을 지나 자작나무 숲길을 스쳐서 나타나는 저수지 곁을 돌아 소제마을 길로 나왔다. 전에도 그 마을에 가본 적 있었다만 정말 한국의 전형적인 시골의 정겨움이 가득 배 있더구나.

돌담길이며, 그 너머 집집마다 심긴 감나무 연초록 새순이 꽃인 양 아름다웠다.

문패를 보니 골목길 이름이 '걸망태길'이었다.

아빠의 유년 시절 기억에는 소여물이라든지 깔 풀이라든지 뭐 그런 것을 잘 담아 짊어질 수 있도록 만든 것이 걸망태였는데 아마 그런 걸망태를 지고 오가던 길이어서 그렇게 작명된 모양이다.

마을 이름도 예쁘지만, 골목길 이름도 정말 예쁘지?

문득 새소리들이 들렸다.

아니 그전부터 새들은 노래하고 있었는데 아빠가 귀 기울이지 않아 못 들었겠지.

산 중턱의 뻐꾸기 소리, 중간 거리쯤의 지빠귀 소리, 지근거리에서 소리 내는 제비 소리, 길옆 전봇대 위의 까치 소리…….

제각각이 아름다운 아침 송가였다.

마을 끝 집 장닭도 꼬끼오 꼬-꼬, 화음을 더하더구나.

아빠의 사랑하는 공주, 너도 거기서 새소리를 듣니?

귀 기울여보렴.

밤이면 밤, 아침이면 아침, 낮이면 낮, 저녁이면 저녁대로 들리는 자연의 소리가 있단다.

아 참, 소리뿐이 아니다.

꽃마다에서 나는 향기가 있고, 나무마다에서 나는 향취가 있다.

아침나절 코끝에 조금만 신경을 모아보니 논밭에서도 각기 다른 토취가 있더라.

하물며 사람이랴!!

문득 지지난 주, 기숙사 방 교체 건으로 네가 마음 상해 했다는 이야기를 엄마에게 들었다. 사람이 자기 짐을 챙겨 방을 나선다는 것은 쉬운 일이 아니다. 만감이 교차하거든. 왜냐, 거주 공간과도 정이 들었기 때문이지. 그 방 공기를 들이쉬고 내쉬고 하면서 말이야.

아빠도 회사 내에서 여러 부서로 이동해 봐서 좀 알지.

아빠는 부서 이동 시 매번 늦게까지 혼자 남아 짐을 챙겨 이동

했다. 같은 회사 내지만 떠나는 뒷모습을 동료들에게 보이고 싶지 않더구나. 자주 해봐서 이제 뭐 식상해질 정도가 됐지만 말야.

네 잘못이 아니고 다른 친구들 간의 문제로 네가 이동하게 되었다면, 더구나 교장선생님이 사전 설명과 양해도 없이 그러하게 했다면 그건 분명 잘못된 처사였다고 생각된다.

교장선생님께 이유를 여쭤보고 설명을 요청드려야겠지.

그런데 그때 정말 중요한 것은 태도란다.

겸손하게 "○○ 일에 대하여 제가 여쭤봐도 될까요?" 식의 표현이 좋지.

왜냐하면 교장선생님은 너희 모두를 사랑하시며, 분명 학교 전체 관점의 타당한 목적이나 피치 못할 이유가 있으실 테니까 말이야.

그 모든 것을 차치하고라도 너는 믿음의 사람, 달리 말해 예수님을 구주로 고백하고 예수님을 삶의 모델로 해서 살아가는 크리스천인 만큼, 예수님 앞에서 묵상기도 하고 오히려 감사의 조건을 찾아보려무나.

아니 이미 긍정의 마음가짐으로 새로운 룸메이트와 서로 장점을 나누기로 제안했다니 장하다. 아빠의 딸답다.

앞으로도 혹시 마음 상하고 힘든 일이 생기면 예수님을 바라보렴.

예수님이야말로 정말 죽으실 죄악도, 고난받을 잘못도 없으셨는데 우리 죄를 대신하여 그렇게 고난받고, 고통당하고, 십자가 처형까지 감당하셨으니까…….

주님이 다 아신다. 주님께서 위로와 격려 해주시기를 거듭 기도하마.

새벽기도 다녀와서 네 엄마는 다시 수면 중이시다. 언니를 끔찍이 따르던 네 동생도 산단사 특별학교답게 오늘 휴교일이어서 당근 늦잠 자는 중이지.^^

오늘 하루와 새롭게 시작된 5월도 날마다 화이팅 하렴! 샬롬!

멀리서 사랑하는 아빠가 ^-^

이승필 lord1117@gmail.com
2011년 《창조문예》 시로 등단. 여수 세광교회 시무장로, (사)민족지도자 손양원목사기념사업회 사무총장, 전남대 산학협력단 인력양성총괄 교수, 예울마루 초대관장.

이 쓸쓸함을 받아들이며

장 강

명절이 다가오면 몸과 마음이 분주하다. 객지에 있는 자녀들과 함께 나눌 만찬 준비 때문이다. 사실, 몇 년 전까지만 해도 명절이라고 특별히 음식을 준비하지 않았었다. 일단 우리 집안은 제사를 지내지 않기 때문이고, 시댁과 친정을 오가면서 풍성한 명절 요리를 먹을 수 있기 때문이었다.

그런데 몇 년 전, 막내아들이 엄마표 김치찌개, 김치볶음밥, 떡볶이, 김밥, 카레라이스가 한 번씩 생각난다고 말했던 것이다. 이에 나는 적잖이 놀랐다. 내 요리 실력은 별로이고, 자녀들도 그 사실을 익히 아는 터이다. 그런데 내가 만들어 주던 밥이 생각나다니! 정작 내 아이들이 그리웠던 것은 엄마 품이 아니었을까? 그리고 내 자녀들이 엄마를 그리워했던 것은 삶이 힘들었기 때문인 건 아니었을까? 지치고, 외롭고, 서럽고…….

가슴 한편이 아려온다. 집에서 엄마가 해주는 밥 먹으면서 학교 다니거나 회사를 다닐 때도 힘들던 터였다. 엄마 밥이 그리운 것은 객지 생활이 많이 힘들어서구나 싶었다. 지친 몸을 이끌고 집에 돌아와 냉장고를 뒤지며 저녁 준비를 했을 것이다. 대충 때우듯이 먹는 날이 더 많지 않았을까? 어느 날, 문득 엄마가 해주던 김치볶음밥 생각에 나름대로 기억을 더듬어 요리를 했을 것이다. 그런데 엄마가 해주던 맛이 아니었을 때 눈물이 핑 돌았을지도 모른다. 눈을 뜨면 저절로 차려져 있던 밥상은 더 이상 없고, 벗어 놓기만 해도 저절로 서랍 속에 들어가 있던 옷가지며 양말들은 더 이상 마법을 부리지 않았을 것이다.

딸은 스물네 살에 서울에 올라가 직장 생활을 했고, 큰아들은 대학 때부터 서울에서 살았다. 막내아들도 군대 가기 전 1여 년을 서울에서 살다가 군대를 갔다. 그렇게 세 자녀들은 객지 생활을 했다. 그런데 한 번도 힘들다는 말을 하지 않았었다. 늘 잘 지낸다고만 했었다. 단순하기 그지없는 나는 자녀들의 말을 그대로 믿었다. 엄마 밥이 그리웠다는 말을 듣기 전까지는!

제대로 된 밥상 한 번 차려준 적이 없었는데 얼마나 힘이 들었으면 그다지 맛있지도 않은 밥이라도 그리웠을까 싶어 어찌나 마음이 아팠는지 모른다. 당장 객지 생활을 접고 집으로 돌아오라고 말하고 싶었다. 하지만 객지 생활을 다 정리하고 엄마와 같이 살자고 할 수도 없는 이 시점이 너무도 쓸쓸하다. 자녀들이 내 품으로 다시 돌아올 리도 만무하거니와 이제는 함께 사는 것이 자녀들의 앞날을 위해서도 좋지 않기 때문이다.

자녀들이 아무리 힘들고 어려운 상황이라도 지금은 그들의 길을 포기하라고 할 수 없는 시점인 것이다. 그렇게 힘든 가운데 있든지, 행복에 겨워하든지 서서히 내 품을 떠날 수 있도록 지켜봐야만 하는 것은 얼마나 쓸쓸한 일인가?

이 쓸쓸함을 받아들이며 나는 밥을 짓는다. 장어구이, 장어탕, 스테이크, 스파게티, 열무김치까지……. 이제는 돌이킬 수 없는 이 쓸쓸함의 현실을 그대로 받아들이면서 자녀들과 함께 사는 대신 다양하고 맛있는 집밥을 개발하기로 했다. 광야 같은 세상을 고군분투하며 살아갈 때, 집밥이 위로가 되길 바라면서, 내 자녀들에게 용기가 될 집밥이 좀 더 맛있고, 더 풍성해지길 소망하면서!

장 강(장형윤) matthew419@hanmail.net
2012년《창조문예》수필로 등단. 저서『사모, 평강공주를 꿈꾸다!』.《월간목회》1년 연재.《월간사모》다년간 연재.《교회연합신문》수필 연재 외.《작가와 문학》등 다수 문예지 기고. 부산대학교 국어국문학과 졸업. 고신대학교 기독교교육학과 대학원 졸업.

아들아, 그래도 군용 지프차를 머리로 들이박진 말아라

김송수

나는 하나님의 은혜로 45년간의 목회를 마치고 3년 전 은퇴하여 지금은 경기도 여주 남한강 변에서 아내와 단둘이 살고 있다. 목회자 가정에 대한 주제로 글을 쓰려 하니 아무래도 지나간 일에 대한 회고담일 수밖에 없다. 하나님은 우리 가정에 삼 남매의 자녀를 주셨는데 첫째와 셋째가 아들이고 중간이 딸이다. 지금은 다 결혼하여 각기 사는 곳에서 지역의 교회를 섬기고 있고 장남은 목사가 되어 주의 사역을 감당하고 있다. 어느 목회자인들 다르랴마는 필자 부부는 매일 가정예배를 드리면서 하나님께서 우리 부부에게 보석같이 귀한 자녀를 주셨음을 늘 감사드리고 있다. 그것은 필자의 자녀들이 특별히 뛰어나다거나 훌륭하다는 얘기가 아니다. 은퇴하고 노경老境에 접어들어 한 해 한 해, 해를 거듭할수록 자녀의 존재 그 자체에 대한 소중한 의미를 깨달으면서 느끼는 감정이요,

하나님께 드리는 감사의 고백인 것이다. 사실 목회 현직에 있을 때는 그런 고마움과 감사의 마음보다는 목회 사역의 중압감으로 인한 예민함과 부자유함이 마음의 여유를 잃게 했고 그 부정적 여파는 고스란히 가족에게로 미치지 않았는가 생각된다. 그런 관점에서 한 가지 기억나는 에피소드를 적어보려고 한다.

여수에서 10년 가까이 목회하다가 1986년 1월 동두천소망교회에 부임하였다. 당시 동두천은 미군 2사단의 주둔지로 군사도시였다. 교회가 소요산역 앞 도로변에 있었는데 새벽이나 한밤에도 작전 나가는 전차 부대의 이동 소리가 적막을 흔드는 그런 곳이어서 금방 무슨 전쟁이 일어난 것 같아서 처음에는 적응하기가 매우 힘들었다. 셋째인 막내아들이 여섯 살 때다. 나는 김용기 장로님이 인도하는 세미나 참석차 강원도 원주 신림면 가나안농군학교에 가 있었다. 5일간의 세미나 중 3일째 되는 날 오전 일과가 끝나고 점심 식사 후 오후 일과가 시작된 지 얼마 안 되었을 때, 학교 사무실에서 전화를 받으라는 연락이 왔다. 받아보니 아내다. 언제나 차분한 어조의 아내는 그날도 보통 이야기하는 것처럼 막내가 미군 지프에 부딪혀서 지금 병원에 입원 중이라는 것이다. 황급하게 서너 번 버스를 갈아타고 저녁 어둠에 동두천 병원 병실에 들어가니 아이는 붕대로 머리를 싸 감은 채 병상에 누워있고 아내는 엎드려 기도하고 있었다. 언제나 밝고 명랑하고 교회가 운영하는 선교유치원에 네 살 때 입학하여 3년째 재학 중인 우리 막내, 인사성이 좋아 유치원 최 선생님이 "우리 성론이 같은 애는 없어요.

인사도 잘하고 발표도 잘하고 뭐든지 잘해요" 하고 자랑하던 우리 아이 성론이가 교통사고로 이렇게 머리 한쪽이 함몰되고 의식불명인 채로 병상에 누워있다니, 나도 처음에는 쉽게 받아들이기가 어려웠다.

큰 병원으로 옮겨 상태를 보다 면밀히 진단하고 적절한 치료를 해야 할 상황이지만 재정 여력이 없는 가난한 목회자로서 뾰족한 방법이 없었다. 당시에 알아보니 SOFA(주둔지 미군 협정)에 따라 사고를 낸 미군에 대한 조사권이나 배상 요구 등을 한국 경찰이나 가족이 할 수가 없었다. 나는 아들의 사고가, 부모로서 마땅히 보호자가 되어야 하는데 마치 나의 태만이나 부모로서의 직무 유기 때문인 것 같아 마음이 무거웠다. 우리 부부가 할 수 있는 것은 사고 후유증이 생기지 않도록 하나님께 기도하는 일뿐이었다. 그런데 정말 천만다행으로 아들은 의식도 돌아오고 함몰도 회복되어 퇴원을 할 수 있게 되었다. 하나님의 은혜였다. 그 아들이 자라나 좋은 아내를 만나 결혼하여 귀엽고 사랑스러운 두 딸을 둔 가장이 되었고, 사십 대 초반인 그는 지금 개인 사업체를 운영하며 존 워너메이커나 록펠러, 유한양행의 유일한 회장과 같은 기독 실업인의 꿈을 꾸고 있다. 돌이켜 생각해 보면 목회자의 자녀로서 삶의 현장에서 부딪치는 갖가지 험난한 과정에서도 세밀하신 하나님은 위기를 기회로 바꾸시고 합력하여 선을 이루어주셨다고 믿는다. 그 아들을 보면서 그때 일이 생각날 때마다 나는 하나님께 감사하며 이렇게 외친다. "미군 지프차를 헤딩으로 한 방에 박아버리고 벌떡 일어선 우리 아들 정말 장하다!"

솔직히 말해서 필자는 자녀들에게 부모로서 그다지 해준 것도 없이 효도와 공경을 다 받고 있다는 생각에 지금도 가끔은 미안한 생각이 든다. 지난 7월 초에 우리 부부와 자녀 삼 남매 부부, 그리고 손녀들까지 열한 명이 3박 5일 일정으로 베트남 판꾸옥에 가족 여행을 다녀왔다. 우리는 여행을 가서도 현지 숙소에서 매일 아침 시편 1편 1–6절, 18편 1–6절, 23편 1–6절을 본문으로 예배를 드리면서 우리가 진정 복 있는 사람임을 확신하며, 우리를 지켜주시고 우리의 힘이 되신 여호와를 찬양하였으며, 여호와가 우리의 선한 목자 되심을 함께 고백하는 기쁨을 누렸다.

"아들아, 그래도 두 번 다시 군용 지프차를 머리로 들이박진 말아라."

김송수 kimsongsoo52@hanmail.net

1952년 전남 보성 출생. 《창조문예》 시로 등단. 저서 『회의 진행법』, 『신조와 영성』, 편저로 『기독교 변증학 개론』, 『한국 기독교 이단, 무엇이 문제인가? Ⅱ』 외 다수. 동석교회 원로목사. 예장 개혁 교단의 총회장과 한국기독교총연합회 공동회장 역임. 현재 RTS와 열린사이버대학교 신학과 사회복지학 강의.

말의 향기

길향숙

누군가와 나눈 대화가 하루 종일 마음속에 남아 맴돌 때가 있다. 어떤 말은 따뜻한 햇살처럼, 어떤 말은 날카로운 파편처럼 가슴에 남는다. 같은 말인데 왜 이토록 흔적이 다른 것일까?

성경 잠언에는 이런 말씀이 있다.

"때에 맞는 말은 은 쟁반에 금 사과니라."

말의 중요성을 매일 절감하며 살아가는 나에게, 잠언 25장에 기록된 이 구절은 읽을 때마다 다시금 삶을 돌아보게 한다.

나는 자주 '다치면 닫힌다'라는 말을 쓴다. 목회하며 오랜 세월 경험을 통해 깨달은 나름의 철학이다. 말 한마디에 입은 상처가 마음의 경첩을 철컥 접어, 문을 닫아 버리고 다시 열리지 않는 경우를 나는 숱하게 보아왔다.

한마디 말로 천사처럼 봉사하던 성도를 떠나게 하고, 오래된 관계를 회복 불가능한 지경으로 내몰 때, 그 모습을 지켜보는 공동체는 함께 고통을 받는다.

반대로 말 한마디가 잊을 수 없는 위로가 되고, 한 사람의 인생을 바꿔 놓는 경우도 있다. 상황에 꼭 맞는 말을 건네는 사람을 만났을 때, 그 향기는 그 사람과 함께 오래도록 마음속에 머문다. 같은 사실이라도 어떻게 전하느냐에 따라 그 결과는 천양지차天壤之差다.

오래전 우리 가족에게 있었던 일이다. 아버지가 대장암 수술을 받고 회복 중이던 어느 추석, 당시 70세를 갓 넘긴 정정한 연세였지만, 죽음의 문턱을 넘나들었던 일을 떠올리면 우리는 모두 아찔했다. 형제들은 잔치하는 마음으로 음식을 장만해 나누며 감사예배를 드렸다. 그해 명절은 우리에게 두 배로 행복했다.

식사를 마친 후 동생 하나가 이런 제안을 했다.

"우리, 돌아가면서 아버지께 축복의 말을 한마디씩 해드리고 헤어지자."

준비된 것도, 각본도 없었지만 우리는 빙 둘러앉아 차례대로 입을 열었다.

"아버지 퇴원 축하드려요. 이제부터 예수 잘 믿으시고 건강하게 사시다가 천국 가시기를 바라요."

"이제 술은 끊으시고 운동을 좀 하셔요. 걸어서 새벽기도를 가시면 일거양득이에요."

"건강하시길 바라고요. 교회도 빠지지 마시고……."

"하나님 의지하시고, 잘 회복하시고……." 등등.

목회자와 교회 중직자로 구성된 집안답게, 아버지의 뜨뜻미지근한 신앙생활이 안타까워 영적인 부분을 위한 권면이 줄줄이 이어졌다. 아버지는 무슨 교육생처럼 눈만 깜빡거리며, 잠잠히 그 상투적인 '축복의 말'들을 듣고 계셨다. 분위기는 점점 지루해졌고 축복의 말은 갈수록 궁색해졌다.

일곱 번째쯤이었을까? 차례가 둘째 올케에게 돌아왔다. 평소 조용하고 말을 아끼는 그녀였기에, 괜히 이런 순서를 만들어 곤란하게 한 건 아닌지 걱정스러웠다. 그러나 그것은 우리의 기우에 지나지 않았다.

그녀는 잠시 숨을 고르고, 부끄러운 듯하면서도 진지한 표정으로 말했다.

"아버님, 사랑해요. 그리고 아버님이 제 아버님이신 것이 자랑스러워요."

순간 아버지의 어색하게 굳었던 표정이 사르르 풀렸다. 마치 봄볕에 얼음 녹듯, 마취에서 풀려나듯 자연스레 입을 여셨다.

"고맙다."

방 안은 환해졌다. 그날 우리가 얻은 교훈은 컸고, 그때의 일은 지금도 우리 가족 사이에서 회자되곤 한다. 그전까지 나는 '말을 잘한다'는 것을 막연히 유창한 언변이라 생각했다. 그러나 그 결은 전혀 다른 차원의 것이었다.

오늘도 잠언 25장 11절이 강하게 나를 자극한다. 어떻게 말을 하면 은 쟁반에 금 사과가 될 수 있을까? 그것을 이룰 수 있다면 성공한 인생이 아닐까? 내가 누군가에게 말로써 향기를 낼 수 있다는 것, 얼마나 멋지고 설레는 일인가 말이다. 그러면서 그날 둘째 올케의 표정과 말이 잔잔히 떠오른다.

그녀의 언어는 아버지의 마음속 깊이 스며, 오랫동안 잊히지 않는 위로가 되었다. 그리고 우리 마음에는 20년이 흐른 지금까지 변함없이 성숙한 인격자의 이미지로 자리 잡고 있다.

마음에서 우러난 진심 한마디는 오래 우려낸 시 한 구절과도 같다. 쉽지는 않겠지만, 아로새긴 은 쟁반에 금 사과, 그와 같은 말이 내 입에서 솔솔 나오기를 소망하며,

오늘도 조용히 말을 연습해 본다.

길향숙 remember2121@hanmail.net
충남 청양 출생. 2013년 《창조문예》 시 부문 신인상. 시집 『달의 기도』. 창조문인협회 회원. 크리스천문학회 회원.

반죽되고 있는 빵

이기종

러시아 작가 솔제니친의 소설 속에 나오는 장면이었던가? 죄수들이 감옥에서 덩어리 빵을 뜯어 먹다가 잠들 때면 먹던 빵을 베고 잔다는 내용이 있더라고 러시아 선교사에게 말했더니 고맙게도 그가 흑빵을 구해 보내왔다. 달지도 않고 좀 딱딱하고 검은색이 감도는 빵을 쪼개 먹으며 다시 한번 소설 속, 그 빵을 떠올려본다. 감옥에서 죄수들의 주린 배를 채워주는 빵만큼 더 귀한 것도 없을 것이다. 그들의 목숨을 좌지우지할 수도 있는 한 덩이이기 때문이다. 그래서 잃지 않으려고 잠들 때도 베개를 삼지 않았던가?

톨스토이는 그의 예술론에서 빵과 과일은 사람들이 좋아할 때만 맛이 있다고 했다. 예술 작품도 이와 마찬가지로 이해할 수 있어야 한다고 주장했던 것이다. 어떤 음식에 대해 이것은 퍽 맛있다는 소문이 있지만 사람들이 사 먹질 않는다는 평이 있다면 그 음식은 실패한 음식이다. 음식은 곧 영혼을 살찌우는 양식과 같다. 그러나 그것은 맛을 돋우는 것이어야 한다. 그 음식을 생각하면 침을 삼킬 정도로 구미를 돋우어야 한다. 톨스토이는 같은 책에서, 위대한 예술 작품은 모든 인간이 그것에 접근하여 이해할 수 있기 때문에 비로소 위대하다고 말했다. 남이 이해하기 힘든 자기만의 말들로 채워진 글은 좋은 작품이 될 수 없을 것이다. 문학의 기능을 말할 때 빼놓을 수 없는, 고전적 이론이 바로 교시적 기능과 쾌락적 기능이다. 이것을 효과적으로 잘 조화시켜야 한다는 이론이 바로 당의정설糖衣錠說이다. 쓰고 맵기도 한 진리를 어떻게 즐거운 마음으로 접근하도록 만드느냐에 따라 작품으로서 값어치가 판가름 날 것이다.

흔히, 성경을 훌륭한 문학 작품이라고 말하곤 한다. 성경만큼 교시적 기능과 쾌락적 기능을 잘 조화시키고 있는 책도 없을 것이다. 그리고 위 두 기능을 절묘하게 조화시키고 있는 분이 바로 예수님이다. 다윗도 하나님의 말씀이 꿀 송이처럼 달다고 했다.

> "여호와를 경외하는 도는 정결하여 영원까지 이르고 여호와의 법도 진실하여 다 의로우니 금 곧 많은 순금보다 더 사모할 것이며 꿀과 송이꿀보다 더 달도다"(시 19:9-10)

그러니까 성경은 당의정설糖衣錠說을 잘 이루어내고 있는 것이라고 볼 수 있을 것이다. "내가 곧 생명의 떡이다"라는 단언적이고 불변하는 명제가 무엇 때문에 가능한가?

> "나는 생명의 떡이니 내게 오는 자는 결코 주리지 아니할 터이요 나를 믿는 자는 영원히 목마르지 아니하리라"(요 6:35)

자신을 생명의 떡이라 말씀하신 예수 그리스도, 우리를 죄악에서 건져내어 살리시려고 우리의 죗값으로 십자가에 피 흘려 죽으시고 부활하시고 승천하신 그분이 자신을 생명의 떡이라고 하신 말씀 속에서 우리는 값진 작품을 이뤄갈 창작의 원천을 만날 수 있다. 그곳으로부터 우리에게 영감이 계속 공급될 것이다. 우리는 그분으로부터 끊길 듯 그러나 또다시 이어지는 편지를 받는다. 그분이 띄워 보내시는 편지는, 사랑하는 사람에게서 온 편지보다 더 달콤하다. 스승으로부터 받은 편지보다 더 곱씹어 읽는다. 주님 말씀의 단(sweetness) 표피를 벗겨나가다 보면 그 진리의 오묘를 비로소 맛보게 된다. 값진 문학작품들은 이 단 표피의 구조를 갖추고 있다.

독일의 문호 괴테는, "위대한 작품들은 우리를 가르치지 않고 우리를 변화시킬 뿐이다"라고 말했다. 오늘도 나는 어느 누군가의 손끝에서 아직 반죽이 되고 있지 않은 하얀 가루 서 말이 물을 만나 짓이겨지기를 바래본다. 그 반죽은 분명 나를 흔들어 깨우며 삶을 변화시키고, 주린 배를 채워줄 빵으로 빚어질 것이다. 영혼에 와닿는 예술 작품은 잘 익은 빵처럼 사람들에게 신선한 맛을 돋워준다. 오늘도 나는 빵집을 지나치며 내 영혼을 배불릴 한 덩이 빵을 그려본다. 나는 지금 빵집 밖에서 빵 냄새를 맡으며 걷고 있는 배고픈 존재이다. 아니 어찌 보면 감옥 속에 갇힌 배고픈 죄수와 같은 존재이다. 나는 지금 제빵사가 실력을 다해 맛있는 빵을 빚어내는 것처럼 생명의 말씀이 내 영혼을 반죽하여 좋은 작품으로 빚어지길 바라고 또 바란다.

이기종 njd2726@naver.com
1985년 《전우신문》으로 작품 활동 시작. 2014년 월간 《창조문예》 시 부문 등단. 시집 『건빵에 난 두 구멍』(2022). 영상 콘텐츠 『박이도 시인을 찾아서』(2014). 2019년 계간 《문예연구》 신인문학상 수상. 창조문인협회 회원.

옛날을 회상한다는 것이

유혜인

보리 이삭이 누렇게 익어 가던 초여름, 뒤뜰엔 빨간 앵두가 알알이 익어 달콤한 맛을 뿜어냈다. 초록으로 물든 오월, 풍요로 가득 찬 달빛 아래 밤[栗]꽃이 구름처럼 피어 장관을 이룬 앞동산 언덕배기, 간단한 자기소개와 눈인사로 예를 갖춘 조심스러운 첫 만남의 자리, 긴장되어 말이 이어지지 못하면 산새들도 울음을 자제한 듯, 고요한 정적이 흐르기도 했다.

선배 언니의 주선으로 처음 만나 인사를 나눈 달 밝은 밤, 환상의 소개팅 자리. 짧은 침묵이 흐르다가 그 사람이 먼저 말을 이어갔다. "아버지 말씀이 틀리지 않았다"며, 오늘의 만남을 만족하게 생각하니, 우리 자주 만나자는 고백을 하는 게 아닌가? 무게감 있는 진지함, 그 사람 됨됨이에 심장이 뛰고 가슴 두근거려 그날은 아무 답변을 못 했다. 지금 생각해 보면 그 사람 인품이 그 나이에 비해 매우 어른스럽고 사려가 깊어 보였다. 그리고 선배라 조금은 알고 있었지만, 그가 중고등학교 때부터 서울로 유학을 간 터라 직접 만나 본 지가 오래되어 좀 낯설기도 했다. 듬직한 품성과 수려함이 마음에 들었고 만나고 싶은 마음 간절했지만, 며칠 후 언니를 통해 만날 수 없다는 답을 전한 후 오래도록 마음 아파하며 살아갈 줄을 어디 짐작이나 했으랴!

온양읍사무소에 근무하는 선배 언니를 만나러 갔다가 회사에 필요한 서류 준비로 오셨다는 그의 아버님을 우연히 뵙게 된다. 그 분은 언니 이웃에 사시는 어른이고, 서울에서 사업을 하시며 노부모님이 계신 시골과 서울을 자주 오르내리며 지내신다고 했다. 언니가 나를 후배 동생이라고 소개하여 인사를 드리게 된 것이, 모든 아픔의 시작일 줄을 어디 짐작이나 했으랴? 읍사무소에서 서류 준비가 다 끝나자 마침 퇴근 시간이 되어 세 사람은 집이 거의 같은 방향이라 철길을 넘어 신작로 길을 함께 걸어가게 되었다.

잠시 후 그분께서는 아들 이름을 밝히며 혹시 그 애를 아느냐고 물어보셨고, "예!"라는 조용한 내 대답에, 바로 그분은 "내가 그 애 아버지라오!"라고 하시며 관심을 가지신 듯 아들 이야기와 함께 이런저런 질문을 많이 하셨다. 우리 아버님 함자까지 물어보시며 드디어 갈림길에서 아쉬운 듯 잘 가라는 인사와 함께 멀어질 때까지 계속 손을 흔들어 주시던 그 인자하신 모습이 지금도 기억에 생생하다.

그는, "한번 만나 보라"는 아버님의 권유에 그것도 몇 번이나 채근하셔서 관심을 가지게 되었고 결국 오늘, 이런 자릴 만들게 되었노라고 자기 소신을 밝혔다.

그가 언니를 찾아가 청을 넣어 마련한 첫 만남은 그렇게 시작되었고, 저만치 비켜 준 언니가 야속하리만치 그날은 왜 그렇게 떨리고 두근거려 제정신이 아닌 것만 같았다.

그는 초등학교 선배며 공부도 항상 상위권이고 평이 좋게 알려진 사람이라 많은 후배와 주변 사람들에게도 부러움을 샀고, 또 숱한 아가씨들 마음속 선망의 대상이 되기도 했다. 가문과 재력, 그리고 최고 명문 출신, 출중한 외모와 준수함, 어느 것 하나 부족하지 않은 그 사람에게 나는 왠지 다가서기가 다소 어렵게 느껴졌다. 그 앞에만 서면 왜 그리 작아 보였던지, 그와 만날 자신감이 없었다. 그래서 보통 사람의 집 딸은 일찌감치 그를 포기하자는 쪽으로 마음을 접어야 했다.

내 일생일대 가장 완벽하게 와준 평생 행운을 후회로 남긴 아픔이었다고나 할까? 그와 만난 그날 난 집에 돌아와 밤잠을 설칠 정도로 설레었지만, 그 후 그가 몇 번을 찾아왔어도 끝까지 만나 주지 않고 돌려보낸 그 상황은, 내 성격상 아닌 일은 절대로 행하지 않는 완벽한 성격 때문이었을 것이다. 그렇게 좋아했던 사람을, 그렇게 동경하던 그 사람을, 매정하리만치 내린 결정으로 그 여린 가슴을 치유하기까지는 얼마나 많은 날들을 아파해야 했는지, '온통 그 사람 생각으로 가득 차 있던' 그 마음이 평생을 따라다니며 흔들 줄을 어이 알았으랴. 다시 소녀 시절로 돌아가라 하면, 기꺼이 그 시절로 돌아갈 것 같은 단순한 생각은 내가 얼마나 모자란 사람인지를 드러냈다. "하얀 그 순수를 아름다운 꿈속에 잠들게 하고" 그 꿈속에서 영원히 깨어나지 않았으면 하는 때도 있었다. 누구든 가슴에 그리움 하나쯤은 가지고 사는 것도, 아름다운 추억이 되지 않을까?

어느 날 갑자기 고향 마을이 매몰된다는 소리를 들었다. 모두가 다 우리 곁에서 떠나가야 한다는 사실, '수원에 있는 경찰대학과 수련원이 우리 고향 온양으로' 옮기게 되어 인근 마을 몇 동네가 난리가 났다. 나라에서 하는 일이니 막을 수 없는 주민들의 정신적 고통쯤 아파도 견뎌야만 할 수밖에 없었다. 대대로 이어온 심장 같은 고향의 품을 잃어야 하는 현실 앞에 이웃사촌의 정, 생명 줄을 달았던 전답과 고향의 향수를 버려야 하는 주민들은 할 수 없이 이곳저곳으로 뿔뿔이 흩어져 이주해야 했고 밭이며 앞동산까지 매몰되는 참담함과 그리고 아버님 산소까지 이장을 해야 하는 큰 어려움도 함께 겪게 되었다. 우리 가족이 서울로 이사 온 지는 몇십 년 되었지만, 산소와 농지를 두고 온 터라 우린 가끔 고향 선산을 찾아 조상께 성묘를 드리고 향수를 달래며 살아왔는데, "밤꽃이 필 때, 뭉게구름처럼 아름답던 달, 앞동산의 그 운치"를 이젠 마음속으로만 그리움으로 그릴 수 있게 되었다. '뒤곁의 앵두나무며, 감나무, 대추나무 추억이 서린 원두막'까지 다 내게서 사라지는 허전함을 어떻게 잊을 수가 있을까? 고향을 잃은 자의 아픔을 누가 가히 헤아리랴! "번지 잃은 허허한 달빛만 구슬프더라."

이제 칠십 준령을 넘어 팔십을 향한 노을 앞에 서고 보니 아름다운 기억도 무뎌지고 하얗게 탈색된 백발과 잦은 병원 출입에 간식처럼 달고 사는 약 보따리를 보며, 이 급급한 상황을 어떻게 설명해야 할지? 이 모두가 오래 살기 위한 수단 방법이라면 나의 황혼을 지키기 위해 목숨 건 투쟁 같아 비열한 생각마저 들었다. 이만큼 살았으면 되었지 얼마나 더 오래 살려고 병원 문턱이 닳도록 삶의 애착에 발버둥을 치는가?

그가 아직 건재하다는 소식은 풍문으로 들었다. 같은 서울 하늘 아래 성곽 너머 경치 좋고 물 맑은 아름다운 곳, 가까운 거리지만 "지척이 천리라!!"

하얀 머리칼 사이로 샤넬 향수보다 더 은은한 라일락 향이 스며들 때면,

"송진 냄새 풍기는 솔바람 향기, 앵두가 익어 갈 때쯤은 서울의 영축산 종달새가 울어" 가만히 있는 나를 이젠 그들이 와서 자꾸만 흔들고 간다. 때론 바람 든 무처럼 점점 더 사멸되어가는 뇌세포들, 점멸하는 신호등처럼 자주 깜빡거리는 건망증, 어서 자연 속에 묻혀 살며 담담해지고 싶다.

'매번 찾아왔다가 그냥 돌아가야만 했던 그 사람' 또다시 원두막 약도를 가지고 물어물어 찾아왔던 피할 수 없는 만남 역시, 주위 사람들 시선 때문에, 그냥 돌아가야만 했던 "그의 뒷모습이, 얼마나 힘없어 보이던지", 두고두고 그 미안함이 설령 빚이라 치더라도 이제는 영원히 갚을 방법이 없어 안타까운 마음뿐, "돌아보면 본인 나름대로 자부심도 있었을 텐데, 만나지도 못하고 발길을 돌렸던 헛수고가 지나치게 무시당한 듯한 느낌이 들기도 했었으리라." 무덥던 여름이 지나가는 끝자락, 허공을 비행하던 고추잠자리가 날고, 멀어져 가는 그 사람 등 뒤 "원두막에서 내려다본 신정호수가

그날따라 왜 그리 파래서" 가을 하늘처럼 쓸쓸했었다.

그를 마음에 두었었다는 걸, 그가 알아야 할 필요는 없다. 가끔 생각으로 떠올리는 그리움 같은 것이야, 그와는 상관없이 혼자 생각하다 놓아버리면 그만 아닌가? 그리움이 새록새록 물안개처럼 피어오를 때면 붙잡을 수 없었던 아쉬움에 두고두고 후회를 했지만 스스로 지은 아픔 그저 허허하고 쓸쓸함을 그냥 견딜 수밖에 없는 일 아니겠는가? 사실 쓰디쓴 이별을 논할 만큼 사랑에 빠진 적도 기어코 아닌데, "마음 한번 살짝, 왔다 간 자리" 다친 이런 아픔도 연민이라고 해도 되는 건지, 내 사전 속엔 영 적절한 표현이 떠오르질 않는다. 옛날을 현실처럼 붙잡고 산다는 것은 '다 부질없는 일' 지금 생각해 보면 모두가 헛꿈이었노라. 어느 종교에 심취된 마음처럼, 세상 다 가진 설레는 기분이었는데…….

살다 보니 모두 "낮잠 속 태풍이고 춘몽의 대가"를 혹독하게 치른 것으로 풀이하리라. 이제 남아 있는 황혼을 봉사하는 마음으로 더 곱게 물들이고 싶다.

유혜인 yoo8695@naver.com
2017년 《창조문예》 시로 등단. 시집 『반년의 흔들림』. 동인지 『간이역』. 방송통신대 동문회 문학상. 지하철 시 공모전 선정. 서예·한국화 초대작가. 성북 문창 회원. 월천문학 회원.

'지금' 잘 살자

이 춘

가끔 그런 생각을 해 봤다. "빨리 죽더라도 지금 잘 살자!" 굳이 빨리 죽는다는 가정을 하는 배경이 있다. 내 친가 쪽이 다 빨리 돌아가셨기 때문이다. 할머니는 아버지가 초등학교 6학년 때 돌아가셨다. 우리 아버지는 나 아홉 살 때 돌아가셨다. 할머니는 아마도 삼십 대에 돌아가신 듯하다. 내 아버지는 마흔여섯에 돌아가셨다. 엄마 쪽은 그런대로 칠십 대까지 사셨지만 나는 어려서부터 아버지 닮았단 말을 많이 듣고 자라서 그런지 아버지와 동일시가 일어나 빠른 죽음을 연상하곤 했다.

사람은 누구나 아무도 피해 갈 수 없는 '죽음'이란 단어에 침잠되기도 한다. 우리의 인생이 강건하면 팔십이라고 하지만 지금은 백세시대를 말하고 있다. 그러나 중요한 것은 100세이든 그 이상이든 궁극적으로는 죽음을 맞는다는 사실이다. 죽음은 떠나보낼 수도 흘려보낼 수도 없다. 오히려 적극적으로 맞이해야 하는 것일 수도 있다.

보통은 나이가 많은 분들을 보면 그들의 죽음을 어림짐작하기도 한다. 그러나 얼마나 어리석고 교만한 생각인지 모른다. 나이가 많든 적든 우리는 그 시기를 알 수 없기 때문이다. 장수를 부귀와 함께 복으로 친다는 것을 예전에는 몰랐었다. 존경하는 아버지가 일찍 돌아가셨기 때문에 나도 빨리 죽을 수 있고 그것이 그다지 복이 없는 일이라고 생각하지 않았다. 아버지에 대한 무조건적 존경과 사모함이 아버지의 죽음으로 인한 영향까지도 객관적으로 보기 어려웠던 것 같다. 그러나 결혼하여 남편 집안을 보니 장수하는 집안에 속하였다. 그래서 오래 사는 것에 대해 생각해 보게 되었고 나도 오래 살 수 있을까 하는 생각을 하게 되었다.

구독하고 있는 문예지에 어느 작가의 수필이 연재된 적이 있다. 해외에 살고 있는 수필가인데 그 작가의 수필을 계속 보던 중, 한동안 '죽음'에 대한 묵상을 하게 되었다. 팔십을 바라본다고 밝힌 작가는 이제는 버리고 나누는 일만 남았다고 서술하였다. 오랫동안 활발하게 활동하던 것들을 정리하는 그 인생에 함께 마음으로 머물러 보았다. 죽음이 더 가까운 느낌이 들어 인생을 하나씩 정리할 때 어떤 상태가 될지 생각해 보았다.

사람이 한창 일할 때가 있다. 나도 억척스러울 만큼 세 자녀를 양육하고 공부를 하고 활동을 하고 집안에서도 뛰어다닐 정도로 바쁘게 살아왔다. 그러다가 자녀들은 다 성장하였고 공부도 다 마쳤고 바쁘게 했던 일도 조금은 한가해졌다. 지금도 일은 하지만 그때 비하면 여유롭다. 그래서 달리다가 멈추어서 고요한 시간을 가져 보기도 했다. 앞으로 어떤 것에 가치를 두고 어떻게 살아가야 하는지, 무엇에 우선순위를 두어야 하는지 생각하게 되었다. 예전에 바쁘게 읽어대던 책들도 다시 펴서 천천히 음미하기도 하고 자연의 숲으로 들어가 나무 사이에 가만히 서서 몇 시간을 보내보기도 했다. 숲길을 지나가는 것과 다르게 나무 사이에 나무로 서 있는 것은 새로운 감각을 열어주었다. 바쁘게 일하고 열심히 뛰어다니는 현대인의 생활과는 다르게, 느리게, 한가하게 멈추었다가 걸었다가 해 봤다.

성경 인물 이삭은 자신의 죽음을 준비하느라 에서를 축복하고자 했으나, 에서인 줄 알고 성급하게 야곱을 축복하였다. 그러고도 20년을 더 살았다. 죽음의 시간표는 성경 속의 인물이나 지금의 우리나 가지고 있지 못하다. 에서를 축복하고자 했을 때의 이삭은 적어도 몇 달 혹은 길어야 1년 이내에는 죽음이 올 거라고 생각했을 것이다. 그러나 20년을 더 살았던 것이다.

그러니 아버지를 닮아서 빨리 죽을 것 같다는 내 생각은 명백한 오류이다. 아버지와 할머니가 빨리 돌아가신 가족 역사가 빨리 죽을 수도 있다는 불안을 나에게 심어주었을 것이다. 빨리 죽을 수도 있기 때문에 더 열심히 더 애쓰면서 살아왔다. 입 밖으로 꺼내지 못해도 속으로는 '내가 죽는다면,'이라는 가정을 매번 하면서 살아왔다. 빨리 죽는 것도 세대 간 전수가 될 수는 있다. 그렇다고 모든 것을 그렇게 생각하는 것도 건강하지 못하다. 역기능적인 원

가족을 가졌어도 순기능적인 가정을 이루어가는 사람도 많기 때문이다.

그러므로 죽음에 대하여 조금 더 다른 관점을 열어놓기로 하였다. 죽음이 오는 것은 막지 못해도 언제 올지도 모르는 죽음을 놓고 지나치게 불안할 이유도 체념할 이유도 없는 것이다. 죽음이란 내 것이 아니기 때문이다.

그러니 하나님이 가진 시간표에 의해 죽음이라는 것을 맞이하게 될 때까지는 현재의 시간을 감사하며 가치 있게 살고 싶다. 한 사람을 소중한 존재로 대해주고 나 역시 누군가에게 소중한 존재로 살아가고 싶다. 그렇게 하나님의 마음이 머무는 한 사람에게 초점을 맞추고 집중해 주고 살려내는 일을 하다가 '죽음'이란 것이 나에게 말을 걸어올 때, 나 또한, 기꺼이 응답해야겠다. 늦가을 할 일을 다 마치고 숲에 진한 향기를 남기며 깔끔하게 떠나는 한 잎의 이파리처럼 말이다.

이 춘 sonamu6020@naver.com
2020년 《창조문예》 시로 등단. 저서 『인성교육의 이해와 상담』, 『당신도 모르는 비밀』. 연구개발 『관계 모형 세우기』, 『상담사 5가지 유형 의사소통 치료 도구』. 제1회 이병주 스마트소설 대상. 〈봄정원심리클리닉〉 유튜브 채널 운영. 봄정원심리상담센터 대표. 주섬김교회 상담목사.

하늘 소풍 팀 자서전을 만들다

김익수

오늘도 나는 감사한 마음으로 구로노인종합복지관에서 '사전연명의료의향서' 등록 상담 자원봉사를 하고 있다. 2024년 9~10월에 '웰-엔딩 하늘 소풍' 프로그램 2기 교육을 받는 영광을 누렸기 때문이다. 처음엔 '하늘 소풍'이 도대체 무엇일까? 큰 호기심이 나를 끌어당겼고 혹시 삶과 죽음에 관한 것 아니겠나 하는 생각에 등록하고, 일주일에 두 번 빠짐없이 재미있게 숙제도 꼬박꼬박, 시간 가는 줄도 모르고 열심히 공부하였다. 시간 시간 열정을 다 쏟아부어 강의해 주신 김영진 선생님을 영영 잊지 못한다. 너무너무 고마우신 분―.

행복한 지금, 내 마음속 기억을 더듬어 요점 정리를 해 본다. 첫날 첫 시간에, '내가 그린 자화상 / 학우들이 그려준 자화상'을 비교해 보니, 같은 내 얼굴이지만 사뭇 달라 보였다. 다음 시간 '나는 누구인가? 나를 소개하는 차례'였다. 해방둥이 개띠인 나는 6·25 한국전쟁으로 다섯 살 때 부모를 여의고 외할머님의 지극하신 사랑으로 초중고교를 졸업할 수 있었고 모범생으로 12년 개근을 했다. 선생님들이 살뜰히 돌봐 주시고 용기를 북돋아 주신 덕분이다. 늘 감사한 마음으로 살아가고 있다.

다음은 '색칠하기로 성격 알아보기'인데, 다행히 주황색 계통을 좋아한 나는 비교적 밝고 긍정적이며 통찰력과 적극적인 참여로 분위기 메이커 역할을 하는 등 매우 좋게 분석되었다. 정말 감사하다. 학비가 저렴한 서울대학교에 두 번을 낙방한 후 바로 총무처 행정직 시험에 합격, 부산에 첫 발령을 받아 1년 근무 후 입대하여 36개월 복무하고 육군 병장으로 제대, 딸 부잣집 막내딸, 현재의 아내와 결혼하여 가난하나 청렴한 공무원으로서 자식 셋, 손자 셋을 낳아 정직 성실하게 키우며, 36년간의 공직을 잘 마쳤다. 믿음 생활에 푹 빠져 교회 장로로 섬기고 현재는 국제기드온협회 평생 회원으로 활동하고 있다.

다음은 가장 고통스러웠던 일—늦깎이 대학생으로 졸업 시험 치르느라 맹장을 견디다 터뜨려 복막 수술로 16일간 입원한 일, 해양수산부 지방청장으로 서산에서 근무할 때 악성 담석증으로 레이저 수술 3회와 개복 수술로 40일간 병원 신세 져, 16kg 체중 감소에도 극적으로 살아남, '믿는 도끼에 발등 찍힌다'라더니 친구에게 금전 사기당한 일, 외할머님 돌아가셔서 하루 종일 엉엉 얼마나 슬피 울었던지……. 아! 무심한 세월이여!

다음은 가장 기뻤던 일-중학교 1등 합격 소식 들었을 때, 온양온천에서 결혼식 올릴 때, 자식 손주들 낳았을 때, 교회 장로로 피택被擇받았을 때 정말 눈물 나도록 감격스러웠다. 모든 분의 은혜요 사랑이라고 생각한다. 나의 〈묘비명〉엔 "사랑 듬뿍 받고 살다가 사랑 남기고 떠나노라" 쓰고 싶다. 알몸으로 태어난 내가 이 세상에 사는 동안 폐해를 끼치기보다 유익을 주고 떠나는 존재인가? 곰곰이 생각해 본다. 빚을 남기고서 가는 건 아닐까? 우리 부부는 일찌감치 연세대학교 의대에 시신을 기증 등록하였다. 홀가분한 기분이다. 눈, 장기 이식으로 새 생명을 살려냈으면 참 좋겠다.

우리 팀의 수료식을 앞두고 실시한, 서울 승화원과 용미리 자연장지 현장체험학습은 큰 감동의 물결이었다. 하늘 정류장에 도착하니 검은색 유족들의 행렬이 줄을 잇고 애끓는 통곡에 우리 일행은 울컥하였다. 화장로, 수골실, 유택동산을 거닐며 침묵했다. 능선형 층층 계단식 잔디밭엔 수많은 영혼이 우리를 지켜보는 것만 같았다. 한 줌 흙으로 돌아갈 뿐인 인생들이 아옹다옹 물고 찢는다. 우리 이제 거짓과 교만, 욕심부리며 미워하지 말고, 서로 도와 사랑하고 용서하며 살자.

나의 사랑하는 아내와 가족에게 편지 쓰는 시간-"여보! 긴 세월

고생만 시켜 미안하오, 고맙소. 당신은 나의 영원한 반려자, 천국에서 다시 만나요", 또 "사랑하는 내 새끼들, 얘들아! 서로 사랑하고 화목하여라" 하였으며, 내가 죽은 뒤 공개될 〈유언장〉에는 1. 장례는 등록한 시신기증서대로, 2. 유산은 아내, 아들들 똑같게 분배를, 3. 가족 간 절대 화목을, 4. 서요원 회장 아들, 동훈(의사)과 의롭게 지내길……. 자필로 쓰고 지문을 찍었다. 물론 사전장례의향서, 사전연명의료의향서, 사전치매의향서를 써냈고 학우들과 기념 촬영도 끝냈다. 선생님과 복지관 도우미 복지사 여러분께 거듭 감사의 인사를 올린다.

오! 하늘 소풍-자서전을 함께 만든 사랑하는 벗님들, 이 땅의 은인, 소중한 분들이여! 우리 모두 더욱 건강하고 행복하게 지내요. 먼 훗날, 밤하늘에 반짝이는 별들처럼 슬픔 아픔이 없는 하늘나라에서 기쁘게 또 만나요. "안녕."

김익수 kimiksoo47@naver.com

2018년 《창조문예》 수필로 등단. 2023년 《별빛문학》 시로 등단. 장로문학상. 응암교회 은퇴 장로. 전 대산지방해양수산청장. 녹조근정훈장. 대통령표창 2회. 국제기드온. 게이트볼&탁구 심판. 켈리그래피 지도사.

지호

한해경

LA에 사는 딸이 육아를 위해 쉬었던 직장을 3년 만에 다시 나가게 되었다는 소식을 듣고 나는 부랴부랴 짐을 싸서 LA로 향했다.

딸의 새출발을 도와주고 처음 유치원에 가는 만 세 살 된 손주 지호를 돌봐주기 위해서였다. 가서 보니 딸은 새 직장에 적응하랴, 아침마다 자고 있는 지호를 깨워서 출근길에 유치원에 데려다 주랴, 딸 가족의 아침 시간은 가히 전쟁이라고 할 만했다.

도착하자마자 나는 딸이 직장에 전념할 수 있도록 아침을 준비하고 도시락을 싸는 등, 눈코 뜰 새 없는 하루하루를 보냈다. 그중에서도 지호를 유치원에 데려다주는 것이 제일 큰일이었다. 내가 가기 전에, 딸과 사위가 아침마다 지호를 유치원에 데려갔는데 지호가 엄마와 떨어지지 않겠다고 유치원이 떠나가게 울었다는 것이다. 딸도 어린것이 우니 출근길에 운전대를 붙잡고 울고 다닌다고 했다. 일반적으로 유치원에 첫발을 내딛는 아이들은 한 달 내지 석 달 정도 적응하기까지 부모와 헤어질 때 불안해하며 운다는 것이다.

내가 처음으로 지호를 데리고 유치원에 간 날, 돌아서려는데 지호가 내 손을 꼭 붙잡고 유치원이 떠나가게 울었다. 나도 아이 얼굴을 바로 보지 못하고 울면서 돌아섰다. 아침마다 지호는 유치원에 들어가지 않겠다며 문 앞에서 떼를 썼다. 어떤 날은 지호를 달래려고 한 시간도 넘게 업고 있으면 지호의 선생이 나와서 "지호 얼굴 보지 말고 어서 가세요, 저희가 달랠게요" 하였다.

엄마와 떨어질 때 불안감을 느끼는 분리 불안은 생후 7~8개월에 시작해서 3세까지 지속된다고 한다. 아이는 유치원에 이어서 초등학교에 가야 하는데 지금 적응하여야 계속되는 학교생활에 적응을 할 수 있게 된다고 한다. 이제 엄마와 떨어져 제 나이 또래를 만나야 하는 나이가 된 것이다.

지호는 여전히 유치원에서 헤어질 때마다 들어가지 않겠다고 울었다.

그러던 어느 날 나는 지호를 위해 특별한 이벤트를 마련했는데 유치원에 보내지 않고 집에서 며칠간을 같이 지내는 일이었다. 책을 읽어주고 장난감을 갖고 같이 놀며 좋아하는 세발자전거로 멀리 나가서 점심도 먹는 등 행복한 시간을 보냈다. 그러나 그 후에도 지호는 아침마다 유치원에서 헤어질 때 울었고 나는 늘 가슴이 아팠다.

그러던 중에 딸이 교사로 재직 중인 라캬나다 고등학교에서 학부모 초청의 날 행사가 있었다. 교사들이 이번 학기에 가르칠 내용을 소개하고 학부모의 질문도 받는 날이다. 딸은 마침 잘 되었다며 어머니도 오셔서 학교 구경을 하시라고 한다. 사위와 나는 지호를 데리고 조금 일찍 도착해서 딸의 교실에 가보고 행사가 끝날 때까지 학교를 구경했다. 벌써 많은 학부형이 와서 각 과목 교실로 옮겨 다니며 교사들을 만나고 있었다. 미국 학부모의 자녀 교육에 대한 열기를 느낄 수가 있었다. 강당과 수영장 등 학교 시설들을 둘러보았는데 밤인데도 라이트로 환히 밝힌 야구장에서는 학생들이 각종 운동을 하고 있었다.

아름드리나무들이 100년이 넘는 학교의 연륜을 나타내고 있었다. 지호는 큰 운동장에서 뛰어다니며 엄마 학교가 좋다고 한다. 집에 가는 길에 그 근처 음식점에서 늦은 저녁 식사를 하였다. 딸은 이번 행사를 마침으로써 큰 언덕을 하나 넘은 것 같다고 한다. 잘 적응해가는 딸의 모습을 보아 기뻤다.

시간은 빠르게 지나 벌써 미국을 떠날 날이 다가왔다. 내일이면 나는 40일 만에 집으로 돌아간다. 떠나기 전에 마지막으로 지호를 유치원에 데리고 갔다. "유치원 안 가고 할머니랑 산책 갈래." 유치원에 도착하니 벌써 아이는 눈물이 그렁그렁하다.

오늘따라 지호 선생이 마치 내가 내일 집으로 돌아가는 것을 아는 것처럼 "지호야, 할머니에게 인사해야지" 하며 인사를 시킨다. 내 얼굴을 보며 눈물 자국 난 얼굴로 지호가 손을 흔든다. 나도 울며 돌아섰지만, 지호가 손을 흔드니 이제는 안심이 되었다. 내일 돌아가도 되겠다고 생각하며 인사를 해준 지호가 고맙고 고마웠다.

떠나는 날 LA 공항에서 손주와 딸과 사위가 손을 흔들었다. 업어줄 때 느꼈던 아이의 체온이 아직 내 등에 따스한데 비행기가 이륙하기 시작한다.

손주를 업어주고 안아주고 재우고 때로는 택시로 유치원에 데려다주며 돌본 40일의 추억들 그리고 아기가 내 마음에 부어준 동심이라는 특별한 선물을 트렁크에 소중히 담아왔다.

'이제 출근하겠구나, 지호가 울지 않고 유치원에 잘 갔을까?' 딸 가족의 바쁜 일상이 눈에 선하다.

딸에게 엄마의 손길이 꼭 필요할 때 도와주고 온 것이 기쁘고, 감사하다.

아이들도 자라느라 나름의 언덕을 넘는다. 친구를 만나 어울리며 더 넓은 세상으로 나가는 아이들…….

지호는 그 이후 잘 적응하여 행복한 유치원 생활을 하고 있다.

엄마가 온 것 그 자체가 선물이라는 딸에게 나는 멀리서 마음으로 격려하며 응원하고 있다.

한해경 gracehan21@naver.com
2019년 《창조문예》 시로 등단. 시집 『꽃이 진 자리마다』, 『나무 마네킹』, 『강물처럼 흐르다』(공저), 『2020년, 봄이 없다』(공저), 『수금을 울리다』(공저). 창조문인협회, 한국문인협회, 한국기독교문인협회, 이대동창문인회 회원.

서부전선 격전지를 찾아서

– 피의 능선 위에 피어난 푸른 영혼의 노래

한준택

온 세상은 푸르다.
초여름의 하늘은 한없이 높고
산야는 짙푸른 생명의 숨결로 가득하다.
누가 묻지 않아도 유월이면 옷깃이 저절로 여며진다.

이맘때면 어쩐지 마음이 숙연해진다.
서부전선 철책
북녘을 마주한 그 언덕에 서면
짙푸른 초목이 바람결에 흔들린다.
그 푸름 속에는 총성과 포연이 뒤섞였던
격전의 기억이 바람처럼 숨어있다.

초연이 불고 간 계곡,
양지 녘에…
비목의 노래가 들려온다.
그 노래는 오래된 비문이 되어
바람 속에 여전히 울리고 있었다.

누군가는 그곳에서 스무 살에
멈췄다.
누군가는 사랑하는 이름 하나 가슴에
새긴 채 흙으로 돌아갔다.
누군가는 고향 초등학교
운동장에서 함께 뛰던 내 친구였는지도
모른다.

그들은 이름조차 남기지 못했지만
그 피와 눈물은 이 땅의 푸른 잎으로
다시금 살아났다.

결전의 8부 능선
피의 고지라 불리던 그곳에
나는 오늘 조심스레 발을 디뎠다.
비바람에 깎인 돌무덤
그 위로 이끼가 피어나듯 세월이 흘렀다.

그 깊은 침묵 속에서 나는 묻는다.
「조국이여, 안녕하신가.」

70년의 세월이 흘렀다.
그들은 총 대신 햇살을 쥐고
포연 대신 바람을 맞으며 잠들어 있다.
허나 그들이 남긴 물음은 아직도
바람 속을 맴돈다.

평화는 그들의 피 위에 세워졌는가,
조국은 그 희생을 기억하고 있는가.

나는 그들의 무덤 앞에 무릎을 꿇는다.
손바닥에 닿는 흙은 따뜻했다.
그 속에는 이름 없는 용사의
숨결이
그들의 뜨거운 젊음이 고요히 살아 있었다.

나는 이끼 낀 돌을 쓸며 속삭였다.
「고맙습니다.
그리고 미안합니다.」
말 한마디가 목구멍 끝에서 멈추고
눈물이 흙 위에 떨어진다.

바람은 여전히 분다.
그 바람은 스러진 청춘들의 혼을
실어
산을 넘고
강을 건너
이 나라의 하늘을 감싼다.

그들의 희생이 있었기에
오늘의 자유가 있다.
그들의 침묵이 있었기에
오늘의 노래가 있다.

이제 우리는
그들의 눈물이 닿지 않던 평화를
진심으로 감사하며 살아가야 한다.
역사는 기억될 때 비로소 완성된다.
잊히지 않기를
그 이름 없는 비목들이 다시
피어나기를
나는 오늘도 그 언덕에 마음을 묻는다.

멀리서 들려오는 바람의 음성이
말한다.

「우리를 잊지 말아라.
이 땅은 우리의 피로 물든
조국이다.」

서부전선의 오늘은 오늘도 푸르다.
그 푸름은 단순한 계절의 색이
아니라
숭고한 영혼들의 빛이다.
나는 그 빛 앞에서 고개 숙인다.
그리고 조용히 되뇐다.
조국이여
제발… 안녕하신가.

한준택 barak1@naver.com
전남 고흥 출생. 2019년 《창조문예》 시로 등단. 총신대학교신학대학원, 미국 애쉬랜드대학교 신학대학원, 세종대학교 정책과학대학원. 한국문인협회 회원, 한국기독교문인협회 이사, (사)한국노인문화복지협회 이사장. 가정치유상담원장.

막내 아이의 한나절 미아

조남두

남해안 한려수도의 중심지이며 청정 해역인 동양의 '나폴리'라고 부르는 통영(충무) '남망산南望山' 기슭에 있는 도로변에 둥지를 틀고 우리 가족 다섯 식구는 그곳을 보금자리로 삼게 되었다.

남망산 공원은 통영항港을 입항하는 우측, 즉 시내의 동남쪽에 있는 동산처럼 아름다운 산으로 중턱에 미술관을 끼고 널따란 광장이 있으며 정상에 오르면 사방이 한눈에 들어옴으로써 시내는 물론 바다 건너편에는 미륵산과 멀리 보이는 수평선이며, 남쪽으로 가까이는 '이순신' 장군이 머물며 "한산섬 달 밝은 밤"에라는 시를 읊던 '한산섬'과, 동쪽으로는 거제대교와 한산대첩에서 왜군을 물리친 전승지인 푸른 바다를 굽어볼 수 있는 경관이 수려한 공원이라고 자랑하고도 남음이 있는 산山이다.

점심때를 약간 지난 즈음에 집으로부터 걸려 오는 전화로 막내

아이가 사라져서 근방을 샅샅이 찾아보아도 보이지를 않는다는 것이다.

곧장 집으로 가보니 집사람은 사색死色이 되어 있고 부근 이웃 사람들 역시 걱정 어린 말과 함께 여기저기 시선만 굴리고 있을 뿐이다.

그날따라 남망산공원에서는 통영시와 통영군민이 합동하여 '납북어선과 어민 송환' 범 궐기대회를 개최하는 날이라 공원 아랫집 근처에는 많은 사람이 웅성거리고 있었다.

우리는 혹시 바다에라도 빠지지나 않았나 하는 생각에 약 1km 정도의 해안가를 샅샅이 살폈으나 도저히 찾을 길이 없었다.

달리 방법이 없어 시청 보건소에 부탁하여 보건소 차를 조달받아 확성기를 통하여 시내 구석구석을 돌며 어린이를 찾는 방송을 하였으나 감감무소식이었다.

시간이 흐를수록 불안하고 초조함이 앞서 온갖 생각만이 머릿속을 감돌아 스쳐 갈 뿐이다.

어쩌면 자식 없는 사람이 데려다 키우려고 데리고 가지나 않았을까 하는 불길한 생각마저 들기도 하였다.

주변에는 섬들이 많은 곳이라 막상 섬들 속에 묻혀서 살아도 찾기가 쉽지 않을 터였다. 그 당시의 처절한 생각으로서는 천벌을 받을 말이지만 차라리 죽은 몸이라도 눈으로 보고 확인할 수 있었으면 하는 도저히 있어서는 안 될 나쁜 생각마저 들었다.

지금처럼 핸드폰이 있는 시절도 아니었기에 막내 아이 찾느라 각기 헤어진 식구끼리도 서로 연락이 잘 안 되어 만나기도 쉽지 않았다.

가끔 어린이를 잃어버리고 신문지상을 통하여 어린이를 찾는 광고를 보고는 무심하게 지냈는데 이때만큼은 그들 부모의 애타는 심정을 절실히 이해할 수가 있을 것 같았다.

허둥지둥 혼비백산하여 넋을 잃고 있을 무렵 회사 직원이 찾아와 충무시청에 어린아이 하나를 보호하고 있다는 전화가 회사로 왔다는 전갈이었다. 즉시 집사람을 찾아 그 차편으로 충무시청으로 달려갔다.

시청에 도착하여 직원에게 물어보니 사회복지과장님께 가보라는 것이다.

사회복지과장을 만나 보니 과장님 의자에서 자고 있는 어린이가 바로 막내인 것이다. 순간 날뛸 것처럼 반갑기도 하고 또한 어처구니가 없기도 하였다.

잠을 자는 막내의 모습은 울다가 잠이 들었는지 얼굴에는 눈물 자국이 범벅이 되어 있는 데다가 한 손에는 과자 봉지 하나가 들려 있었다.

사회복지과장님께 고맙다는 인사와 함께 자초지종을 여쭈어보았더니 궐기대 대원들이 해산한 뒤 웬 어린아이가 혼자 울고 있는 것을 시청 직원이 발견하고 시청으로 데리고 왔다는 것이다. 마지막에 목격되었다는 곳은 시내 중심지를 약간 벗어난 곳으로 그곳까지의 거리는 집으로부터 약 2km가 넘을 정도의 거리이었다.

갓 네 살 아이가 그곳까지 자박거리고 따라갔다는 것이 신통하였다. 궐기대회로 시내를 행진하는 사람들을 무작정 따라갔던 것 같았다.

그러나 보통의 상식으로서는 부모도 없이 혼자서 그토록 먼 곳까지 따라갔다는 것이 도무지 이해하기가 쉽지 않았다.

아마도 아이가 세 살 때 부모를 떠나 이모님 댁에서 한 달이 넘도록 생활하면서도 엄마, 아빠를 찾지도 않고 잘 지낸다고 하면서 이모의 말로는 막내 아이만 자기들에게 준다면 아기를 안 낳고 키우겠다는 우스갯소리도 하였다.

어쩌면 그때부터 아이의 머릿속에 독자적인 행동이 잠재되어 뿌리를 내리기 시작하였는지도 모를 일이다.

아무튼 현실로써는 아이를 잃어버리지 않은 것만으로도 하느님을 비롯한 모든 조상님께 한량없이 감사함을 드리면서 오히려 잃어버리지 않았을 때보다 더더욱 반갑고 기쁘고 고마웠음을 재삼 감사하면서 안도의 한숨을 내쉬게 되었다.

어떻든 이러한 일을 통하여 어린이를 잃어버린 채 살아가는 부모님들의 심정이 얼마나 아프고 고통스러울까 하는 생각에 안타까움을 금치 못하며, 또다시 우리에게 이러한 비극과 시련이 일어나지 않도록 해야겠다는 다짐을 하는 계기가 되었다.

조남두 ndcho39@naver.com
전남 순천 출생. 2024년 《창조문예》 시로 등단. 시집 『사라진 내 고향 한유閒有』. 창조문인협회 회원. 동신냉동식품(주) 부사장. 국립군산수산대학 냉동식품 강사.

창조문예 산문선 · 7

햇살 가득 품고 온 미소

초판 발행일 2025년 12월 31일

지은이 창조문인협회
펴낸이 임만호
펴낸곳 창조문예사
등　록 제16-2770호(2002. 7. 23)
주　소 서울 강남구 압구정로 404, 2층(청담동)(우 : 06014)
전　화 02) 544-3468~9
F A X 02) 511-3920
E-mail holybooks@naver.com

책임편집 김종욱
디자인 이선애
제　작 임성암
관　리 양영주

ISBN 979-11-91797-89-3 03810
정　가 12,000원